에러가 무섭지 않게 되는 책

무섭지 않게 되는

コードが動かないので帰れません！

(Code ga Ugokanainode Kaeremasen!: 8067-0)

© 2023 Hiroyuki Sakuraba, Kotaro Mochizuki

Original Japanese edition published by SHOEISHA Co., Ltd.
Korean translation rights arranged with SHOEISHA Co., Ltd.
in care of The English Agency (Japan) Ltd. through Danny Hong Agency
Korean translation copyright © 2024 by J-Pub Co., Ltd.
本文 イラスト・マンガ 二村 大輔(にむら だいすけ)

에러가 무섭지 않게 되는 책

1판 1쇄 발행 2024년 6월 21일

지은이 사쿠라바 히로유키, 모치즈키 고타로
옮긴이 이춘혁
펴낸이 장성두
펴낸곳 주식회사 제이펍

출판신고 2009년 11월 10일 제406-2009-000087호
주소 경기도 파주시 회동길 159 3층 / **전화** 070-8201-9010 / **팩스** 02-6280-0405
홈페이지 www.jpub.kr / **투고** submit@jpub.kr / **독자문의** help@jpub.kr / **교재문의** textbook@jpub.kr

소통기획부 김정준, 이상복, 안수정, 박재인, 송영화, 김은미, 배인혜, 권유라, 나준섭
소통지원부 민지환, 이승환, 김정미, 서세원 / **디자인부** 이민숙, 최병찬

진행 권유라 / **교정·교열** 이정화 / **내지 디자인** 성은경 / **표지 디자인** 최병찬 / **일러스트·만화** 니무라 다이스케
용지 에스에이치페이퍼 / **인쇄** 한승문화사 / **제본** 일진제책사

ISBN 979-11-93926-30-7 (93000)
책값은 뒤표지에 있습니다.

제이펍은 여러분의 아이디어와 원고를 기다리고 있습니다. 책으로 펴내고자 하는 아이디어나 원고가 있는 분께서는
책의 간단한 개요와 차례, 구성과 지은이/옮긴이 약력 등을 메일(submit@jpub.kr)로 보내주세요.

에러가 무섭지 않게 되는 책

사쿠라바 히로유키, 모치즈키 고타로 지음

이춘혁 옮김

별일 아닌데 어?! 금지

ERROR ERROR ERROR

SE SHOEISHA   Jpub 제이펍

제 1 장

에러가 왜 무서울까?

제 2 장

에러를 잘 읽는 방법

제 3 장

효율적으로 에러의 원인 찾기

제 4 장

도구를 활용해 편하게 디버깅해보자

제 5 장

해결할 수 없는 문제

제 6 장

디버깅이 쉬운 코드를 작성하자

COLUMN

옮긴이 머리말

소프트웨어 개발은 예측할 수 없는 여정과 같습니다. 코드를 작성하고 테스트하고 디버깅debugging하는 과정에서 우리는 기대와 다른 결과를 만나기도 하고, 단 하나의 문자로 인해 수십만 줄의 코드가 작동하지 않게 되기도 합니다.

내 코드가 수십만 줄의 코드를 무용지물로 만드는 아찔한 기분은 현대판 호랑이에게 물려가는 상황과 같은 느낌이 들기도 합니다. 하지만 속담처럼 정신을 차리고 침착하게 살아나갈 방법을 찾아야 합니다. 책에서는 이와 같은 순간에 안내서가 되고자 길을 안내하고 문제를 찾아가는 방법을 설명합니다.

이 책의 목표는 아주 간단합니다. 독자가 개발 도중에 마주치는 다양한 에러에 대처하는 방법을 안내하고 에러로 인해 개발을 어려워하거나 싫증을 느끼지 않도록 하는 것입니다.

채용 시장에서 말하는 '시니어 개발자'와 '주니어 개발자'를 나누는 기준에는 에러를 해결하는 능력도 포함됩니다. 저는 시니어 개발자란 '겪을 대로 에러를 다 겪어봤지만 행여나 처음 만나는 에러가 나온다고 해도 어떤 방식으로든 해결할 수 있는 능력'을 가진 사람이라고 생각합니다.

에러는 개발과 뗄 수 없는 관계인 만큼 어릴(?) 때부터 미리 익숙해지고 친해지는 것이 좋습니다. 에러 역시 많이 겪을수록 다양한 해결 방안이 생기고 여유가 생기며, 에러를 해결하는 능력은 내가 계획하는 개발 일정에 많은 영향을 미치기도 하기 때문입니다.

개발 시작부터 서비스가 세상의 빛을 볼 때까지, 모든 과정의 노력과 여정을 항상 응원합니다.

마지막으로, 아내 소정이와 보물 도윤이에게 고마움의 인사를 전합니다.

감사합니다.

이춘혁

베타리더 후기

 김호준(에이블소프트)

나름 5년 차 실무자이지만 에러 처리 및 디버깅 능력은 아무리 강조해도 모자란 것 같습니다. 구글 검색과 스택오버플로가 일상화(?)되어 있는 시대라 그런지, 에러 메시지와 디버깅을 통한 문제 해결 능력을 중요하게 생각하지 않는 개발자들이 제법 보이는 것 같습니다. 하지만 실무에서 시간이 지날수록 가장 크게 다가오는 부분은 '어떻게 빠르게 문제 해결을 할 것인가'입니다. 그런 부분에서 이 책은 좋은 출발점이 될 것입니다.

 박수빈(엔씨소프트)

실제 프로그래밍을 하면서 개발보다 더 많은 시간을 할애하는 것이 에러 분석과 디버깅이라고 생각합니다. 그만큼 중요하지만 이것에 대해 알려주는 책은 흔하지 않은 것 같습니다. 수년간 개발 업무를 해온 사람들에게는 익숙한 내용이지만, 입문자 입장에서 막막할 수 있는 내용을 친절하게 알려주는 책입니다.

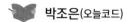 **박조은(오늘코드)**

어려운 에러는 학습의 기회가 된다는 책의 내용에 공감이 되었습니다. 낯선 에러를 만날 때면 당황하게 되는데, 이런 과정은 결국 성장의 기회가 됩니다. 프로그래밍을 배우며 특정 언어에 한정하지 않고 에러를 대하는 태도를 길러볼 수 있는 책입니다.

 양성모(현대오토에버)

오류가 발생하는 원인을 찾지 못해 딥딥해하는 개발자가 많은데, 그분들에게 이 책이 큰 도움이 될 것 같습니다. 개발을 이제 시작하는 분들뿐만이 아니라 프로그램의 오류를 찾고 해결하는 것을 어려워하는 모든 분께 권하고 싶은 책입니다.

 이기하(오픈플랫폼개발자커뮤니티)

초보 개발자는 처음에 개발할 때 많은 시행착오를 겪는 게 당연하며, 이 책은 그중에서 에러에 대처하는 방법을 쉽게 소개합니다. 또한 그림으로 상황을 재미있게 표현해 어렵지 않게 접근할 수 있습니다. 너무 깊지 않으면서도 전체적으로 많은 내용을 다뤄 가볍게 읽어보기에 매우 좋은 책입니다. 개발을 시작한 지 얼마 되지 않은 주니어 개발자분들에게 매우 유익한 책이 될 것입니다.

이석곤(아이알컴퍼니)

프로그래밍 에러에 대한 두려움을 극복하고 효과적인 해결 능력을 키우고 싶은 주니어 개발자에게 꼭 추천하고자 하는 책입니다. 이 책은 프로그래밍에서 발생하는 오류와 결함의 원인을 빠르게 찾는 기술을 쉽게 설명하고 있습니다. 특히, 주니어 개발자를 대상으로 에러를 두려워하지 않는 마음가짐부터 에러를 자세히 디버깅하는 방법, 해결의 실마리를 찾는 방법, 에러 원인을 쉽게 찾을 수 있는 코드 작성 방법까지 체계적으로 다루고 있어 매우 실용적이며 유용합니다. 에러를 해결하는 스킬을 익혀가면서 좋은 코드를 작성하기 위한 방법도 함께 익힐 수 있어, 프로그래밍 실력 향상에 큰 도움이 될 것입니다.

 이학인(대법원)

연차가 쌓이면서 트러블슈팅과 에러를 잘 읽는 노하우가 생겼지만, 글로는 정리되지 않는 생각을 가지고 있었습니다. 이 도서를 통해 에러를 두려워하지 않고 효율적으로 읽는 방법을 잘 정리할 수 있었습니다. 저연차 때 만났으면 정말 좋았을 책이라고 느꼈습니다. 특히 도서에서 소개된 이진 탐색 디버깅 부분이 인상 깊었습니다. 에러가 발생했을 때 바로 구글과 ChatGPT와 같은 도구에 의존하지 않고 독립적으로 문제를 해결하려는 개발자들에게 용기를 줄 수 있는 도서입니다.

 **정태일**(삼성SDS)

개발자로 일하면서 에러를 흔하게 접하지만, 돌이켜보면 누군가에게 체계적으로 에러에 대해 배워본 적은 없었습니다. 에러를 대하는 자세와 디버깅 방법을 배워두어 별일 아닌 에러에 당황하지 않고자 하는 개발 입문자분들에게 이 책을 추천합니다.

 정현준

개발을 처음 시작할 때는 대부분 어떻게 잘 만들지만 고심하기 쉬운데, 실제로 일을 하게 되면 만들기보다는 이미 작성된 코드를 수정하거나 고치는 일이 더 많습니다. 특히 문제가 생겼을 때 오류를 해결하는 능력은 개발자 능력의 꽃이라고 생각합니다. 디버깅이 어렵다고 생각하는 초보자들은 이 책을 통해 문제를 해결하는 기초적인 방법을 정말 쉽게 배울 수 있습니다.

머리말

아이디어의 구현을 통해 다양한 문제를 해결하는 프로그래밍은 매력적이면서도 도전할 가치가 있는 행위다. 그러나 **프로그램을 완성하고 작동시키는 과정이 항상 순조롭지만은 않다.** 때로는 코드의 작성 시간보다 에러를 찾고 해결하는 시간이 더 많이 걸릴 때도 있다. 따라서 의도대로 코드가 작동하지 않을 때도 능숙하게 대처할 능력이 개발자의 생산성을 크게 좌우한다.

특히 실무 경험이 부족한 개발자는 에러가 발생했을 때 제대로 대처할수 없게 되면 원활한 업무의 진행이 어렵고 때로는 야근으로 이어지는 상황도 발생한다. 필자도 개발을 시작한 초기는 물론이고 새로운 기술을 배울 때마다 같은 경험을 반복한다.

에러(코드가 작동하지 않는 상황)를 해결하는 능력은 프로그래밍 스킬에서 중요한 능력 중 하나다. 결함의 원인을 효율적으로 찾고 수정할 수 있게 되면 품질이 좋은 코드를 바르게 작성할 수 있게 된다.

또한 '에러를 효율적으로 해결하는 능력'이 주니어 개발자와 시니어 개발자를 구분하는 하나의 기준이 된다. 주니어 개발자 중에는 에러를 찾는 방법이나 프로그램이 의도한 대로 작동하지 않는 상황을 매우 어려워하는 개발자가 많을 것이다.

이때는 **결함을 해결하는 방법을 '보물찾기'나 '퍼즐'처럼 생각해보자.** 이 책에서는 해결책을 고민하는 개발자를 위해 효율적으로 '보물'을 찾는 방법과 '퍼즐'을 풀기 위한 시행착오를 소개한다. 이 책을 통해 익힌 지식과 기술을 사용하여 결함에 조금 더 능숙하게 대처할 수 있게 되면 프로그래밍이 더욱 재미있어질 것이다.

작동하지 않는 코드로 고민한 경험이 있는 모든 개발자가 이 책을 통해 더욱 재미있는 프로그래밍을 하게 되고 원하는 결과를 이루기 바란다.

프롤로그

주인공 나애라가 작성한 '(스스로 생각하기에) 완벽한 코드'를 실행하면 에러가 발생하여 작동하지 않는다. 개발자라면 누구라도 이러한 상황을 경험한 적이 있을 것이다(필자도 자주 겪는다). 코드를 제대로 작동하도록 만들기 위해서는 에러의 원인을 찾아서 수정해야 한다.

책에서는 이와 같이 '에러'와 '의도한 대로 작동하지 않는 결함'의 원인을 찾기 위한 기본적인 사고방식과 해결 방법을 설명한다. 책을 학습한 뒤에는 모두가 나애라와 같이 곤란한 상황을 맞이하더라도 당황하지 않고 효율적으로 작업할 수 있는 것을 목표로 한다.

코드가 작동하지 않는 상황에 발생하는 에러는 크게 두 가지로 나눌 수 있다. **'에러를 읽는 것만으로도 해결할 수 있는 문제'와 '원인 파악이 필요한 문제'**다. 이 책에서는 두 가지에 초점을 맞춰 설명을 진행한다.

먼저 1장과 2장은 '에러를 읽는 것만으로도 해결할 수 있는 문제'를 다룬다.

1장

1장은 '왜 에러는 읽고 싶지 않을까'에 대한 이유를 알아보고 에러를 두려워하지 않고 읽을 수 있도록 하는 마음가짐에 대해 소개한다.

2장

2장은 에러를 자세히 읽는 방법에 대해 설명한다. 에러의 구성 요소와 종류를 알면 효율적으로 내용을 파악할 수 있다.

이어지는 3장과 4장은 '원인 파악이 필요한 문제'를 다룬다. 에러를 확인해도 해결할 수 없거나 에러를 확인할 수 없는 상황에서 원인을 찾을 수 있도록 한다.

3장은 에러의 원인을 특정하기 위한 '디버깅'이라는 방법에 대해 설명한다.

4장은 도구를 사용해 효율적으로 원인을 파악하는 방법을 설명한다. 도구를 잘 사용하면 문제를 효율적으로 해결할 수 있다.

실제 프로그래밍에서는 '정말 해결하기 어려운 문제'를 만날 때도 있다.

아무리 원인을 찾아도 문제를 해결할 수 없는 상황은 실제 프로그래밍 중에서도 자주 발생한다. 5장에서는 이런 상황에서 해결의 실마리를 찾는 방법을 소개한다.

마지막으로 6장은 에러 원인을 찾기 쉬운 코드의 작성 방법에 대해 설명한다. 에러의 원인을 특정하기 쉬운 코드는 에러가 발생하기 어려우므로 좋은 코드라고 말할 수 있다. 따라서 에러를 해결하는 스킬을 익혀가면서 좋은 코드를 작성하기 위한 방법도 함께 익히는 것이 좋다.

이제 **작동하지 않는 코드를 만났을 때 문제를 해결할 수 있는 스킬**을 함께 익혀보도록 하자.

제 1 장

에러가
왜 무서울까?

프로그램을 작성하다 보면 누구나 에러를 만나게 된다. 에러는 프로그램의 결함을 수정하기 위한 정보 소스로 개발자의 입장에서는 든든한 지원군이다. 에러에서 얻은 정보를 단서로 코드를 정상 작동하도록 수정할 수 있다.

그러나 **에러에 대해서는 자신이 없는 사람도 많다.** 프로그램의 작성 방법을 배울 수 있는 기회는 많지만, 에러에 대처하는 방법에 대해서는 배울 기회가 많지 않은 것이 사실이다. 특히 신입 개발자는 에러를 무시하고 넘기는 상황도 있을 것이다. 주인공 나애라처럼 에러를 읽는 습관을 들이지 않은 사람도 물론 있을 것이다.

책의 목표 중 하나는 **에러를 대하는 마음가짐을 바꾸는 것이다.** 1장에서는 먼저 '왜 에러에 자신이 없을까', '왜 에러를 그냥 넘겨버리는 걸까?'에 초점을 둔다. 형식적인 에러만 배우는 것이 아니라 발생하기 쉬운 에러의 포인트를 파악하는 데 중점을 둔다. 그러다 보면 에러에 대한 자신감이 생길 수 있다.

먼저 에러와 친해지기 위해 에러가 알려주는 '결함을 수정하기 위한 힌트'를 확실히 읽을 수 있도록 하자.

1.1 에러를 읽어보자

1.2 에러를 읽지 않게 되는 이유

1.3 에러를 향한 마음가짐

3

에러를 읽어보자

다른 것들을 확인하기 전에 먼저 자세하게 에러를 살펴보자. 다음은 자바스크립트 코드다(코드 1.1). 이 코드는 nickname이라는 변수에 'Alice'라는 값을 대입하고 console.log() 함수를 사용해 변수의 값을 출력하는 간단한 샘플이다. 그러나 코드를 실행하면 에러가 발생한다.

코드 1.1

```
const nickname = 'Alice';
console.log(nikname);
```

에러를 확인하려면 코드를 실행해야 한다. 자바스크립트 코드를 실행하는 방법은 몇 가지가 있지만 크롬의 **개발자 도구를 사용하는 방법**이 가장 편하다.

크롬의 개발자 도구를 열면 그림 1.1과 같이 그림 우측 상단에 있는 점 3개 마크(:)에서 '도구 더 보기' → '개발자 도구'를 선택한다.[1]

개발자 도구에서 **콘솔** 탭을 클릭하면 자바스크립트 코드를 입력할 수 있다(그림 1.2). 콘솔에서 Enter 키를 누르면 코드가 실행되며,

---

1   맥은 애플리케이션 '메뉴에서 보기' → '개발자 정보' → '개발자 도구'를 선택할 수도 있다.

Shift + Enter 키를 누르면 코드를 줄 바꿈할 수 있다.

그림 1.1 개발자 도구 열기

그림 1.2 콘솔 탭에서 코드를 실행할 수 있음

코드 입력 후 엔터를 누르면 빨간 글자로 에러가 표시된다(그림 1.3).

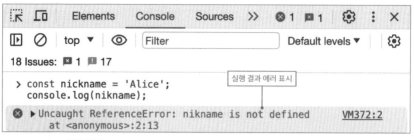

그림 1.3 코드 실행 결과

그림 1.3과 같이 코드 1.1을 실행하면 다음과 같은 에러가 표시된다.

코드 1.1 에러

```
Uncaught ReferenceError: nikname is not defined
    at <anonymous>:2:13
```

 우와! 에러다!

그림 1.3과 같이 코드에서 어느 부분이 이상할까? 다음 에러 문장에 주목해보자.

```
nikname is not defined
```

해석하면 'nikname이 정의되어 있지 않다'가 된다. **'위에서 분명 정의가 되어 있으므로 그럴 리가 없다'**고 생각할 수도 있다.

그러나 코드 1.1을 자세히 살펴보면 1행에서는 nickname을 정의했지만 2행에서는 변수명으로 nikname을 사용하고 있어 c 문자가 빠진 것을 볼 수 있다. 따라서 에러 메시지의 내용대로 nikname 변수는 정의되어 있지 않은 상태이므로 에러가 발생한다. 2행에서 nikname을 nickname으로 수정하면 결함 수정이 완료된다(코드 1.2).

코드 1.2

```
const nickname = 'Alice';
console.log(nickname);
```
c를 추가하여 수정

이와 같이 에러를 읽어보면 한 번에 눈치채기 어려운 에러의 원인을 정확하게 찾아낼 수 있다.

물론 이 예는 간단한 것이므로 에러를 자세히 읽지 않아도 문제되는 부분을 쉽게 찾을 수 있다. 그러나 실제 개발에서는 훨씬 복잡한 에러 상황이 발생하므로 이와 같이 에러를 읽고 원인을 찾는 기본적인 대처가 매우 중요하다.

에러가 발생했을 때는
침착하게 에러를 읽어봐야겠다!

1.2절에서는 왜 에러를 읽기가 싫어지는지 그 이유를 알아보자. 여러분 중에는 짐작이 가는 사람도 있을 것이다. 어렵게 느껴지는 이유를 알면 막연한 불안감을 해소하고 불편한 마음을 극복할 수 있는 방법도 찾을 수 있다.

앞의 예에서는 에러의 내용을 자세히 확인하지는 않지만, 에러의 요인과 종류를 파악하면 복잡한 환경에서도 효율적으로 에러의 원인을 특정할 수 있다. 에러의 구성 요소와 종류에 대해서는 2장에서 자세히 설명한다.

1.2

에러를 읽지 않게 되는 이유

개발을 막 시작한 사람은 에러가 낯설고 어색하다고 느껴질 수도 있다.

이렇게 느끼는 이유 중 하나는 **에러가 영어로 표기**되기 때문일 것이다. 영어에 능숙한 사람이라면 문제가 없겠지만 많은 한국인이 영어에 능숙하지 않을 수도 있으므로, 언어의 장벽 때문에 에러가 읽기 어려운 요인이 되기도 한다.

예를 들어 에러가 'nikname is not defined'가 아니라 'nikname으로 정의되어 있지 않음'으로 표기되어 있으면 의미를 쉽게 이해할 수 있으므로 조금 더 편하게 느낄 수 있을 것이다.

에러를 읽지 않게 되는 이유는 영어를 포함해 주로 다음과 같은 이유일 것이다.

■ 에러를 읽지 않게 되는 이유

1. 영어로 쓰인 에러

2. 길어서 읽기가 어려움

3. 읽어도 바로 원인을 파악할 수 없음

여러분도 어떤 원인이 있을까 생각해보자. 이번 절에서는 이유를 하나씩 들여다본다. 이유를 알게 되면 대처 방법도 생각해볼 수 있으므로 가능한 한 **편하게 에러를 읽을 수 있는 포인트**를 찾도록 하자.

이유 1 영어로 쓰인 에러

영어는 한국의 많은 개발자에게 넘기 힘든 산 중의 하나다. 에러가 영어로 쓰여 있기 때문에 그냥 넘기고 싶다고 생각하는 사람이 많을 것이다.

그러나 에러를 그냥 넘겨버리는 것은 매우 아쉽다. 영어가 어려운 사람이라면 번역기를 사용하는 것도 좋다.

 알지만 쉽지가 않아요. 영어는 어려운걸요.

다음 코드를 살펴보자(코드 1.3). 이 코드를 실행하면 에러가 발생한다. 1.1 절에서 본 샘플 코드와 매우 비슷하므로 에러를 한번 찾아보자.

코드 1.3

```
const nickname = 'Alice';
console.Iog(nickname);
```

```
> const nickname = 'Alice';
  console.Iog(nickname);
⊗ ▶ Uncaught TypeError: console.Iog is not a function          VM475:2
      at <anonymous>:2:9
```

그림 1.4 에러 발생

이번에는 nickname에 틀린 부분이 없는데….

에러 메시지에는 다음 내용이 적혀 있다.

코드 1.3 에러

```
console.Iog is not a function
```

이 메시지는 console.Iog는 함수가 아니라는 의미다. 여기서 console.Iog 부분을 자세히 보면 소문자 l(L의 소문자)을 사용해 log로 표기해야 하지만 대문자 I(i의 대문자)가 사용되었다. I(아이)를 l(엘)로 변경하면 수정 완료다.

이런 실수를 자주 하지는 않지만 스펠링을 가끔씩 틀리기도 하니.

이렇게 에러를 읽으면 원인을 바로 발견할 수 있다. 물론 코드를 자세히 살펴보면 에러를 살펴보지 않아도 원인을 발견할 수 있다. 앞의 샘플과 같이 코드의 양이 적다면 그렇게 힘든 것은 아니다. 그러나 코드의 양이 많아질수록 직접 눈으로 하나하나 확인하는 것은 매우 힘든 작업이다. 이것은 영어를 읽고 해석하는 작업보다도 훨씬 힘든 일이 될 것이다.

■ 간단한 문법 지식만 있으면 OK

영어가 어려운 사람은 먼저 번역기를 이용해서 에러를 읽는 습관을 들이는 것이 중요하다. 조금씩 영어의 의미를 이해하도록 해보자.

영어가 능숙하지 않은 사람이라면 일상 회화 수준의 영어를 당장에 익히는 것은 어렵지만 **에러 내용을 읽는 것은 그렇게 어렵지 않다**. 에러는 문장의 형식이 정해져 있으므로 사용하는 단어도 매우 한정적이다. 따라서 영어에 자신이 없더라도 약간의 단어와 문법을 이해하고 있으면 간단하게 내용을 이해할 수 있다.

구체적으로 몇 가지 에러 메시지를 살펴보자. 단어와 문법을 확인하면서 에러를 표현하는 특유의 표현 형식도 함께 살펴본다.

영어로 쓰인 에러 읽기 1

```
x is not defined
```

의미 x는 정의되어 있지 않다.

이 문장은 매우 간단하다. 'define=정의하다'라는 의미를 알면 이해하기 어렵지 않다. is not defined는 be 동사 + not(부정) + 과거분사인 수동태의 부정문으로, 정의되어 있지 않은 상태를 의미한다. 에러 메시지는 기본적으로 짧은 문장이므로 기본적인 단어와 문법만으로도 해석할 수 있다.

앞의 문장에는 주어 x와 술어 is가 존재한다. 기본적으로 문장을 읽을 때는 주어와 술어를 확인해야 한다. 주어와 술어를 포함하는 에러의 예를 몇 가지 더 확인해보자.

- x is not a function
  - x는 함수가 아니다.
- x is not iterable
  - x는 반복할 수 없다.
- Function statements require a function name
  - 함수문은 함수명이 필요하다.

문법은 어렵지 않지만 프로그래밍에서 자주 사용뇌는 특유의 단어를 사용한다. 이 특유의 단어에 어려움을 느끼는 독자도 있을 수 있으므로 자주 사용되는 단어는 뒤에서 다시 확인해보자. 여기서는 먼저 문법에 집중하여 메시지와 의미를 확인하도록 한다.

■ 주어가 생략된 케이스

앞에서는 영어를 읽는 요령으로 주어와 술어에 집중하면 된다고 설명했으나 실제 에러 메시지에는 주어가 생략된 경우가 있다. 예를 확인해보자.

영어로 쓰인 에러 읽기 2

```
Cannot read properties of null
```

의미 null 속성을 읽을 수 없다.

술어는 Cannot read(읽을 수 없다)다. 그렇다면 주어는 어떤 것일까? 대부분 에러의 주체는 해당 프로그래밍 자체를 의미한다. 이 에러를 예로 들어

The program을 주어로 추가하면 'The program cannot read properties of null'로 볼 수 있다.

이와 같이 에러의 주어가 프로그램 자체와 시스템을 의미하는 것이 분명할 때는 주어가 생략되며, 영어 문법의 특징상 주어를 제일 앞에 추가하면 된다. 그렇다면 주어가 생략된 에러의 예를 몇 가지 더 살펴보자.

- Cannot set properties of null
  - null 속성을 설정할 수 없다.
- Cannot use 'in' operator
  - in 연산자를 사용할 수 없다.

■ 간단한 표현을 사용하는 케이스

에러 메시지에는 주어와 술어가 모두 생략된 표현도 있다.

영어로 쓰인 에러 읽기 3

```
Invalid array length
```

의미 유효하지 않은 배열의 길이

이 에러 메시지는 'Invalid=유효하지 않은'이라는 형용사와 'array length=배열의 길이'라는 문장이 모여 전체적으로 명사구가 만들어진다. 주어와 술어가 없으면 다소 불친절하게 보일 수도 있지만 에러 메시지에는 이와 같은 표현이 많다. '유효하지 않은 배열의 길이'라는 메시지를 제대로 표현하면

'유효하지 않은 배열의 길이를 사용하고 있으므로 사용할 수 없다'가 된다. 명사구를 사용하는 에러의 예를 몇 가지 더 살펴보자.

- Unexpected token '['
  - 예상하지 못한 토큰 '['
- missing) after argument list
  - 인수 리스트 뒤에)가 없음

■ 자주 사용하는 단어와 프로그래밍 특유의 의미를 갖는 단어

지금까지 에러의 구체적인 예를 살펴보았다. 문법 자체는 어렵지 않지만, 단어를 어렵게 느낄 수도 있다. 그러나 에러 메시지에 사용하는 단어의 종류는 많지 않으므로 안심해도 된다. 자주 사용하는 단어를 정리했으니 다음의 표를 참고하자(표 1.1).

앞에서 설명한 대로 에러 메시지에는 일반적인 단어 이외에도 프로그래밍에서 고유의 의미를 갖는 단어가 존재한다. 이 단어들은 사전적 의미를 찾아봐도 일반적인 의미만으로는 이해하기 어려운 부분이 있다. 이들은 프로그래밍 용어로 의미를 이해해야 하므로 이 부분도 표에 함께 정리했다(표 1.2).

영어에 익숙하지 않은 사람은 에러 메시지를 읽는 것이 처음에는 힘들수 있다. 이때는 느긋하게 하나씩 에러를 읽어보면서 익숙해지도록 하자.

표 1.1 에러에 자주 등장하는 단어

자주 나오는 단어	의미
valid/invalid	유효한/유효하지 않은
expected/unexpected	기대한/기대하지 않은
defined/undefined	정의된/정의되지 않은
declared/undeclared	선언된/선언되지 않은
reference	참조
require	필요한
deprecated	사용되지 않는
expired	만료된
apply	적용하다
deny	거부하다
permission	허가
range	범위
missing	보이지 않는(빠진)

표 1.2 프로그래밍에서 고유의 의미를 갖는 단어

단어	프로그래밍 고유의 의미
function/argument	함수/인수
variable/constant	변수/상수
object/property/method	객체/속성/메서드
expression/statement	식/문
operator/operand	연산자/피연산자
token	토큰
initializer	이니셜라이저
mutable/immutable	변할 수 있는/불변의
iteration/iterable	반복/반복할 수 있는
assignment	할당

길어서 읽기가 어려움

긴 문장은 내용을 읽기 싫게 만든다. 다음과 같은 에러는 보기만 해도 읽기를 포기하는 사람이 있을 수도 있다.

긴 에러의 예

```
ReferenceError: nickname is not defined
    at fn3 (/Users/naera/section-1/app.js:14:3)
    at fn2 (/Users/naera/section-1/app.js:10:3)
    at fn1 (/Users/naera/section-1/app.js:6:3)
    at /Users/naera/section-1/app.js:18:16
    at Layer.handle [as handle_request] (/Users/naera/section-1/↩
node_modules/express/lib/router/layer.js:95:5)
    at next (/Users/naera/section-1/node_modules/express/lib/↩
router/route.js:144:13)
    at Route.dispatch (/Users/naera/section-1/node_modules/↩
express/lib/router/route.js:114:3)
    at Layer.handle [as handle_request] (/Users/naera/section-1/↩
node_modules/express/lib/router/layer.js:95:5)
    at /Users/naera/section-1/node_modules/express/lib/router/↩
index.js:284:15
    at Function.process_params (/Users/naera/section-1/↩
node_modules/express/lib/router/index.js:346:12)
```

 너무 길어!!

에러를 이해하기 위해 모든 행을 구석구석 다 읽어야 한다면 매우 힘들 것이다. 그러나 실제로는 그럴 필요가 없다. 대부분의 경우 **긴 에러 메시지에서 주의해서 읽어야 할 부분은 대략 2~3행 정도다.**

자세한 내용은 2장의 2.1절 '에러의 구성 요소를 알아보자'에서 설명하겠지만, 에러는 세 가지 요소로 이루어져 있다(그림 1.5). 이 세 가지 요소의 역할을 이해하면 읽어야 하는 부분을 특정할 수 있다.

그림 1.5 에러를 구성하는 세 가지 요소

앞의 예에서는 다음 두 행의 메시지만 읽으면 충분하다.

에러를 읽어야 할 위치

```
ReferenceError : nickname is not defined
    at fn3 (/Users/naera/section-1/app.js:14:3)
```

의미 **참조 에러: nickname이 정의되어 있지 않다.**

단순하게 에러를 읽다 보면 정보의 양에 압도되어 버릴 수도 있다. 그러나 중요한 포인트만 알면 읽기가 매우 쉬워진다.

에러를 전부 읽을 필요는 없다는 것을 기억해.

이유 3 읽어도 바로 원인을 파악할 수 없음

에러는 바로 원인을 파악하여 해결할 수 있는 것만 있는 것이 아니다. 에러는 발생한 위치와 근본적인 원인이 다를 때도 있다. 상황에 따라 아무리 열심히 읽어도 해결할 수 없는 문제도 있다. 에러가 발생하는 영역은 다양하므로 자신이 가진 스킬과 지식만으로는 해결이 어려운 상황도 있다. **에러는 확인했지만 해결 방법이 도무지 떠오르지 않을 때도 있을 것이다.** 필자는 이 이유가 에러를 읽지 않는 가장 큰 원인이라고 생각한다.

이러한 경험이 반복되면서 에러에 자신이 없어지고 에러를 읽지 않게 되는 사람이 많을 것이라고 본다. 에러를 읽어도 해결할 수 없으면 수고스럽게 에러를 읽지 않을 것이다.

에러를 읽어도 바로 해결할 수 없는 다양한 상황을 생각해볼 수 있지만, 여기서는 다음 상황을 살펴보자.

■ 에러의 발생 위치와 근본적인 원인이 다를 때

예를 들어 다음과 같은 코드가 있을 때 함수 내부에서 에러가 발생한 상황을 살펴보자.

코드 1.4

```
function hello(user) {
  console.log(`안녕하세요 ${user.nickname} 님`); ●
}
```

여기서 에러 발생

코드 1.4의 에러

```
Cannot read properties of null (reading 'nickname')
```

null 속성을 읽을 수 없다(nickname을 읽으려고 함).

에러를 읽어보면 null은 nickname 속성을 읽을 때 에러가 발생하는 것을 알 수 있다. 코드에서 nickname 속성을 읽는 부분은 ${user.nickname}이다. 여기서 'user가 null이 되어버리는 것이 에러의 원인'임을 알 수 있다.

여기서부터가 문제다. 그렇다면 대체 어느 부분을 어떻게 수정해야 할까? 에러는 hello() 함수 내부에서 발생하지만 수정해야 할 부분은 해당 함수가 아니다. user는 hello() 함수의 인수로 전달되므로 수정해야 할 부분은 hello() 함수를 호출하는 부분이다(그림 1.6).

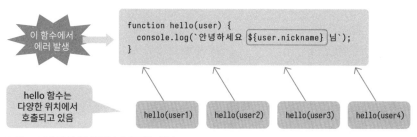

그림 1.6 다양한 위치에서 호출되는 함수

 근본적인 원인은 어디에 있을까?

앞의 그림과 같이 hello 함수가 다양한 위치에서 호출되고 있다면 그중에서 실제 원인이 되는 부분을 찾아야 한다. 만약 효율적인 탐색 방법을 모른다면 힘든 작업이 될 것이다. 이때는 에러를 확인해도 바로 해결할 수가 없어, 에러를 확인하는 의미가 없어질 수도 있다.

그러나 안심하자. 앞의 상황에서는 에러를 자세히 읽어보면 효율적으로 근본 원인을 찾을 수 있다. 에러를 잘 읽는 방법은 2장에서 자세히 설명한다.

■ 라이브러리 등의 코드에서 에러가 발생했을 때

프로그램을 작성하다 보면 반드시 사용하게 되는 것이 라이브러리다. 라이브러리는 편리한 기능을 모아둔 코드다. 규모가 있는 개발을 진행하다 보면 다른 사람이 작성한 라이브러리를 사용하여 개발하는 것이 일반적이다. 그러다 보니 에러를 분석할 때 힘든 것은 이 라이브러리에서 에러가 발생할 때다(그림 1.7).

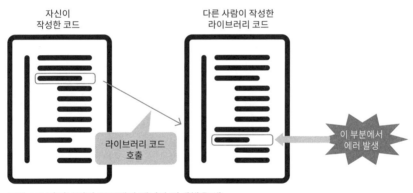

그림 1.7 라이브러리 코드에서 에러가 발생했을 때

자신이 작성한 코드라면 원인을 찾는 것이 그렇게 어렵지 않지만, 다른 사람이 작성한 라이브러리 코드라면 난이도가 올라간다.

하나의 예를 확인해보자. 다음은 자바스크립트를 사용해 데이터베이스에 접속하는 샘플 코드와 함께 발생한 에러다.

```
const { Client } = require("pg");
const client = new Client({
  user: "alice",
  password: "password",
  database: "myDb",
});
const connectClient = async () => {
  await client.connect();
};
connectClient();
```

```
error: password authentication failed for user "alice"
    at Parser.parseErrorMessage (/Users/naera/project/⮒
node_modules/pg-protocol/dist/parser.js:287:98)
    at Parser.handlePacket (/Users/naera/project/node_modules/⮒
pg-protocol/dist/parser.js:126:29)
    at Parser.parse (/Users/naera/project/node_modules/⮒
pg-protocol/dist/parser.js:39:38)
    at Socket.<anonymous> (/Users/naera/project/node_modules/⮒
pg-protocol/dist/index.js:11:42)
    at Socket.emit (node:events:513:28)
    at addChunk (node:internal/streams/readable:324:12)
    at readableAddChunk (node:internal/streams/readable:297:9)
    at Readable.push (node:internal/streams/readable:234:10)
    at TCP.onStreamRead (node:internal/stream_base_commons:190:23)
```

이 에러를 통해 원인을 찾을 수 있을까? 경험이 많은 개발자라면 간단할지도 모르지만, 아직 경험이 적고 데이터베이스의 구조도 이해하지 못한 사람이라면 어려울 것이다.

실제로 이 에러는 **자신이 작성한 코드에서 어디에 원인이 있는지를 나타내는 부분이 없다.** 에러가 발생한 부분은 2행의 `/Users/naera/project/node_modules/pg-protocol/dist/parser.js`라는 파일이지만, 이 파일은 라이브러리의 소스 코드를 가리킨다. 그렇다고 라이브러리의 코드에 문제가 있는 것은 아니다. 이 예에서는 데이터베이스에 접속하기 위한 유저 정보와 패스워드가 틀린 것이 에러의 원인이다.

 아, 뭔가 복잡한 에러잖아.

프로그램의 규모가 클수록 라이브러리와 툴을 사용해야 해서, 여기서 발생하는 문제를 해결하기 위해서는 관련 지식이 필요할 수밖에 없다.

예를 들어 앞의 에러에서 `password authentication failed for user 'alice'`(의미: alice 유저의 패스워드 인증이 실패함)라는 메시지가 있었다. 이때 데이터베이스에 접속하기 위해서는 유저와 패스워드 정보가 필요하다는 지식이 없다면 에러의 의도를 이해하지 못한다. 데이터베이스의 설정과 조작 방법에 대해서 모르면 이후의 대처도 어려워질 수밖에 없다.

프로그램을 작성하다 보면 해결하기 어려운 에러를 만날 때가 있다. 이는 경험이 적은 개발자든 많은 개발자든 마찬가지다. 그렇다고 해서 에러를 읽을 필요가 없는 것은 아니다. 에러를 읽으면 조금씩 문제를 해결할 수 있는 힌트를 얻을 수 있다. 바꿔서 생각해보면 어려운 에러를 만나는 것을 새로운 학습의 기회로 삼을 수도 있다. 따라서 조금씩 발전한다는 생각으로 에러를 대하도록 하자.

그러고 보면 에러가 생각보다 무서운 게
아닐 것 같기도 하고….

에러는 개발자 편인 것을 잊지 말자!

1.3

에러를 향한 마음가짐

█ 간단하게 생각하자

여러분이 앞으로 개발자로 일을 한다면 에러는 오랜 시간 동안 함께하게 될 것이다. 이번 절에서는 에러를 대하는 필자의 견해를 소개한다.

개발자라면 제대로 에러를 확인해야 한다는 이야기를 많이 들어보았을 것이다. 더군다나 이 책을 읽고 있는 독자라면 디버깅에 관심이 많을 것이며, 에러를 확인하는 것은 귀찮다는 것도 알고 있을 것이다. 또한 에러를 확인해도 한 번에 문제가 해결되지 않는 경험을 한 적도 많을 것이다. 바로 해결할 수 없는 어려운 에러를 만나게 되면서 에러를 확인하는 것이 점점 귀찮아지거나 에러가 무서워질 수도 있다.

어쨌든 에러를 확인하지 않으면 안 된다는 생각이 개발자를 더욱 힘들게 한다. 에러를 대할 때는 먼저 다음과 같은 생각을 가져보자.

'바로 해결할 수는 없더라도 힌트를 발견할 수 있다.'

처음에는 이렇게 간단하게 생각하는 것을 추천한다. 실제로 에러를 자세히 읽어봐도 바로 해결할 수 없는 문제들이 있다. 개발자의 경험과 스킬에 따라서도 다르고 에러가 발생하는 영역과 난이도도 다양하다.

하지만 **에러를 제대로 확인하기만 해도 간단하게 해결할 수 있는 문제도 많다.** 먼저 에러의 난이도를 판단하기 위한 마음으로 읽어보자. 에러는 허들을 낮추고 읽는 습관을 들이는 것이 중요하다. 에러를 읽으면 조금씩 지식도 쌓을 수 있고, 개발자로서의 시야도 넓어지기 때문이다.

에러가 발생할 때마다 긴장했지만,
먼저 가볍게 읽어보자.

어려운 에러는 좋은 학습의 기회

에러를 해결할 수 없는 상황에 부딪혔을 때는 무엇인가를 배울 수 있는 기회가 될 수도 있다. 프로그래밍 언어에 대해서도 배울 수 있지만, 데이터베이스와 HTTP 통신과 관련된 지식을 깊이 배울 수 있는 기회가 될 수도 있다. 학습하거나 경험한 분야의 에러가 아니라면 힘든 시간을 보낼 수도 있지만, 해당 분야를 배우게 되어 개발자로서 성장할 수 있는 좋은 기회가 된다.

물론 미지의 분야를 배우는 것은 간단하지 않다. 바쁜 생활 속에서 시간을 내는 것도 쉽지 않은 일이다. 에러를 만날 때마다 무언가를 새롭게 배우는 것은 시간과 체력적인 한계도 있을 것이므로 무리가 되지 않는 선에서 노력하도록 하자.

적어도 **에러를 만날 때마다 새로운 것을 배울 수 있다**는 마음가짐을 갖는 것만으로도 매일 하는 디버깅이 더욱 즐거워질 것이다.

에러를 읽는 스킬은 항상 도움이 된다

개발자로 수년간 경험을 쌓다 보면 셀 수 없을 만큼 많은 에러와 만나게 된다. 에러는 포맷이 정해져 있고 종류도 정해져 있다. 에러 메시지를 한 번만 자세히 읽고 내용을 이해해두면 이후에는 개발이 더욱 편해진다. 반대로 에러 메시지에 관심을 두지 않으면 앞으로도 쭉 에러를 어렵게 생각하게 될 것이다.

에러는 개발자가 효율적으로 디버깅을 할 수 있도록 도와주는 가장 큰 아군이다. 앞으로 개발하면서 에러를 만난다면 책에서 배운 내용을 토대로 자세히 읽어보자. 에러를 조금이라도 더 편하고 가깝게 느낀다면 그것만으로도 성공이다.

에러를 읽는 스킬을 익혀두면 프로그래밍을 더 잘할 수 있게 돼.

결함을 수정하는 데 걸리는 시간

개발자의 생산성에 관한 조사[1]에 따르면 프로그램의 에러에 대한 조사와 수정에 소요되는 시간은 업무 시간의 약 40%에 해당하는 것으로 알려져 있다. 물론 개발자와 프로젝트 규모에 따라 변동이 있기는 하지만 필자가 체감하는 바로도 이 수치와 크게 차이가 나지 않는 것으로 보인다. 그러므로 에러를 술술 읽을 수 있게 되면 개발자의 생산성 향상에 큰 도움이 될 수 있을 것이다.

---

1 'The Developer Coefficient'. https://stripe.com/files/reports/the-developer-coefficient.pdf

제 2 장

에러를
잘 읽는 방법

1장에서 에러를 어렵게 느끼는 요인에 대해 살펴보았다. 이제부터는 에러 자체에 대해 자세히 알아보자. 먼저 **에러를 읽는 것이 좋다**는 것은 알아도 어디를 어떻게 읽어야 할지 잘 모를 수 있다. 이 고민을 해결하는 것이 이번 장의 목표다.

이번 장에서는 **에러의 구성 요소와 종류**에 대해 설명한다. 에러는 몇 가지 정보를 포함하고 있지만, 먼저 에러의 구성 요소를 파악하는 것이 중요하다. 구성 요소를 알면 에러의 어느 부분에 중요한 내용이 있는지 알 수 있다. 에러가 매우 길더라도 읽어야 할 위치만 골라낼 수 있으면 편하게 에러를 읽을 수 있다. 게다가 에러의 종류를 알면 대처법도 쉽게 떠올릴 수 있다.

이번 장을 통해 에러에 대해서 배우고 에러를 술술 읽을 수 있도록 해보자.

2.1 에러의 구성 요소를 알아보자

2.2 에러의 종류를 알아보자

에러의 구성 요소를 알아보자

에러를 술술 읽기 위해서는 **에러의 구성 요소를 파악하는 것이 중요하다.** 프로그래밍 언어에 따라 에러를 표시하는 방식에 조금씩 차이가 있을 수는 있지만 큰 구조는 같다. 구성 요소만 제대로 이해하면 에러를 두려워할 일은 없다.

에러를 구성하는 주요 요소는 다음 세 가지다.

- 에러의 종류
- 에러 메시지
- 스택 트레이스

스택 트레이스?
처음 듣는데요…

뒤에서 자세히 설명해줄게!

그림 2.1~그림 2.3은 자바스크립트JavaScript, PHP, 파이썬Python의 코드를 실행했을 때 발생한 에러다. 각 언어의 에러 메시지의 구성 요소를 그림으로 나타냈다. 언어에 따라 표시되는 위치는 다르지만 구성 요소 자체는 같은 것을 알 수 있다.[1]

그림 2.1 **자바스크립트 에러**

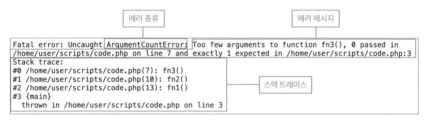

그림 2.2 **PHP 에러**

---

1 자바스크립트와 PHP는 에러 종류 앞에 **uncaught**라는 단어가 있다. 이 단어의 의미에 대해서는 164쪽에서 설명한다.

그림 2.3 **파이썬 에러**

구성 요소 1 에러의 종류

에러 요소를 하나씩 살펴보자. 먼저 에러의 종류다(그림 2.4). 에러에는 다양한 종류가 있으나 몇 가지로 구분할 수 있다. 앞의 예에서 살펴보면 ReferenceError(자바스크립트), ArgumentCountError(PHP), NameError(파이썬)가 에러의 종류다. 이 종류는 프로그래밍 언어에 따라 다르지만 종류를 파악하는 것으로 에러의 대략적인 내용을 알 수 있다.

그림 2.4 **에러의 종류**

예를 들어 `ReferenceError`는 참조 에러로, 존재하지 않는 변수 등을 참조하려고 할 때 발생하는 에러다. 따라서 변수가 제대로 정의되어 있는지 확인하면 문제를 해결할 수 있을 것이라고 예상 가능하다. `ArgumentCountError`는 함수의 인수(argument)의 수(count)가 잘못된 것을 의미하므로 정의된 함수와 해당 함수를 호출하는 부분을 확인해야 하는 것을 알 수 있다.

이와 같이 에러의 종류를 알면 어떻게 문제가 발생했는지 알 수 있으므로 어떻게 대처할지 예상할 수 있다.

에러의 종류만 알면
관련이 없는 부분은 확인할 필요가 없구나!

모든 에러의 종류를 무리해서 기억할 필요는 없다. 에러를 읽는 습관을 들이면 자연스럽게 익숙해지기 때문이다.

2.2절에서 자바스크립트의 구체적인 에러 종류를 몇 가지 살펴보자.

구성 요소 2 에러 메시지

두 번째 요소는 에러 메시지다(그림 2.5). 에러 메시지는 에러의 구체적인 원인을 나타낸다.

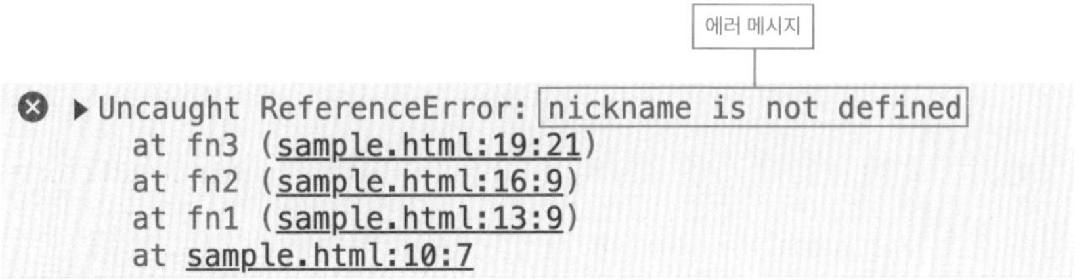

그림 2.5 에러 메시지

지금까지 확인한 것과 같이 'A is not defined'라는 에러 메시지를 통해 A가 정의되어 있지 않다는 것을 알 수 있다. 이 부분의 에러를 읽지 않고서는 효율적으로 문제를 해결할 수 없다. 영어 문장이지만 귀찮게 생각하지 말고 제대로 읽고 의미를 확실히 파악하도록 하자. 1.2절에서도 설명했지만 에러 메시지의 영어는 그렇게 어렵지 않다. 처음에는 시간이 조금 걸리더라도 단어의 의미를 찾아보고 메시지의 의미를 확실히 이해하도록 노력해보자. 이와 같은 노력을 아끼지 않는 것이 에러를 해결하는 빠른 길이다.

앞에서 설명한 에러의 종류를 조금씩 이해하면서 에러 메시지를 계속 읽어보면 내용의 이해가 쉬워질 것이다.

구성요소 3 스택 트레이스

마지막 요소는 **스택 트레이스**stack trace다(그림 2.6). 스택 트레이스는 간단하게 말하면 **에러 발생까지의 흐름을 나타내는 것**이다. 신입 개발자라면 익숙하지 않은 용어일지도 모르지만 스택 트레이스는 에러를 이해하는 데 매우 중요한 역할을 한다.

```
⊗  ▶Uncaught ReferenceError: nickname is not defined
    at fn3 (sample.html:19:21)
    at fn2 (sample.html:16:9)          ─── 스택 트레이스
    at fn1 (sample.html:13:9)
    at sample.html:10:7
```

그림 2.6 스택 트레이스

에러의 종류와 에러 메시지를 읽고 원인을 파악해도 원인의 위치를 알
수 없으면 문제는 해결할 수 없다. 이 위치를 알려주는 것이 스택 트레이스
다(그림 2.7).

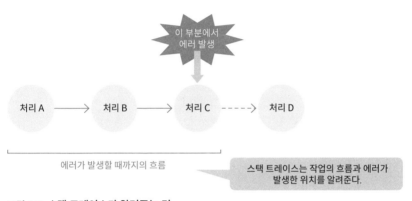

그림 2.7 스택 트레이스가 알려주는 것

■ 스택 트레이스란?

스택 트레이스[2]란 프로그램 내 **함수가 어떤 순서로 호출되는지 표시하
는 이력 정보**다. 트레이스trace는 '자취/기록'이라는 의미이며, 스택stack이란
쌓이는 것을 의미한다.

────────────────

2   백 트레이스(backtrace), 트레이스백(traceback) 등으로도 부른다.

그림 2.8의 왼쪽 코드를 확인해보자. 처리의 흐름에 따라 함수 fn1이 호출되면, 내부에서 함수 fn2가 호출되고 해당 순서대로 이력 데이터가 쌓인다.

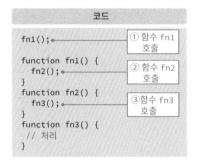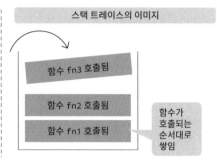

그림 2.8 **코드와 스택 트레이스 이미지**

 호출된 순서대로 상자에 넣는 것과 같군.

■ 스택 트레이스의 구체적인 예

스택 트레이스의 예를 통해 자세히 확인해보자. 다음 코드는 HTML 파일이지만 `<script>` 태그 내부에 자바스크립트 코드가 존재한다(코드 2.1). 함수 fn1, fn2, fn3이 정의되어 있으며, 함수 fn3의 내부에 에러가 숨어 있다.

코드 2.1

```
<!DOCTYPE html>
<html lang="ko">
  <head>
    <meta charset="UTF-8" />
```

```
  <title>Sample</title>
 </head>
 <body>
  <h1>Stack trace</h1>
  <script>
    fn1();

    function fn1() {
      fn2();
    }
    function fn2() {
      fn3();
    }
    function fn3() {
      console.log(nickname);
    }
  </script>
 </body>
</html>
```

이 코드는 HTML 파일로 저장하고 크롬 등의 브라우저로 실행한다. 1.1절
에서 소개한 개발자 도구를 열면 콘솔에 그림 2.9와 같은 에러가 표시된다.

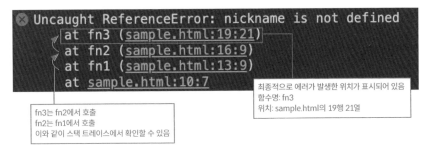

fn3는 fn2에서 호출
fn2는 fn1에서 호출
이와 같이 스택 트레이스에서 확인할 수 있음

최종적으로 에러가 발생한 위치가 표시되어 있음
함수명: fn3
위치: sample.html의 19행 21열

그림 2.9 **스택 트레이스를 읽는 방법**

스택 트레이스의 첫 번째 행에는 최종적으로 에러가 발생한 장소인 함수 fn3의 정보가 표시된다. sample.html:19:21은 에러가 발생한 파일명과 에러가 발생한 위치의 행과 열의 번호를 표시한다(열 번호는 행의 첫 번째 글자부터 몇 번째 위치인지를 표시한다). 이 예에서는 sample.html의 19행 21열에서 에러가 발생한 것을 알 수 있다.

2행에는 함수 fn2의 정보, 3행에는 함수 fn1의 정보를 확인할 수 있다. 이와 같이 자바스크립트는 아래에서 위로 처리의 흐름을 표현한다(그림 2.10).

fn2 뒤의 괄호 내 16:9는 fn3를 호출하는 위치를 표시한다. fn1의 13:9도 마찬가지로 fn2를 호출하는 위치를 표시한다.

그림 2.10 **스택 트레이스의 나열 순서(자바스크립트의 경우)**

■ 먼저 최종 지점부터 확인하자

스택 트레이스가 어떤 것인지 이해했으면 이제 읽는 방법을 확인해보자.

스택 트레이스는 **최종 지점에서 에러가 발생한 것이므로 먼저 해당 부분을 살펴보는 것이 효율적**이다. 최종 지점을 읽고 원인과 위치를 파악하여 문제를 해결할 수 있으면 다른 스택 트레이스는 확인할 필요가 없다.

앞의 예의 최종 지점을 다시 한번 살펴보자. 다음 위치가 에러가 발생한 최종 지점이다(그림 2.11).

```
⊗ Uncaught ReferenceError: nickname is not defined
    at fn3 (sample.html:19:21)    ── 최종 지점
    at fn2 (sample.html:16:9)
    at fn1 (sample.html:13:9)
    at sample.html:10:7
```

그림 2.11 스택 트레이스의 최종 지점 확인하기

스택 트레이스에는 실행된 함수명분만 아니라 파일명과 행 번호, 열 번호가 모두 표시된다. sample.html이 파일명, 19:21 부분이 행과 열 번호를 나타낸다. 함수명과 파일명, 행 번호까지 알게 되면 해당 부분만 확인하면 된다.

대부분의 에디터에는 행과 문자의 수를 지정하면 해당 위치로 점프하는 기능을 제공한다. 예를 들어 **VS Code**Visual Studio Code에서는 메뉴에서 '이동' → '줄/열로 이동'을 선택하고 '19:21'을 입력하면 19행 21번째 문자의 위치로 이동한다(그림 2.12). 바로 가기를 사용하면 작업을 조금 더 효율적으로 진행할 수 있다.

```
1    <!DOCTYPE html>
2    <html lang="ko">
3      <head>
4        <meta charset="UTF-8" />
5        <title>Sample</title>
6      </head>
7      <body>
8        <h1>Stack trace</h1>
9        <script>
10         fn1();
11
12         function fn1() {
13           fn2();
14         }
15         function fn2() {
16           fn3();                    sample.html의 19행 21번째 문자를
17         }                           확인하면 에러의 원인을 찾을 수 있음
18         function fn3() {
19           console.log(nickname);
20         }
21       </script>       21번째 문자는 nickname의 첫 번째 'n'을 가리킴
22     </body>
23   </html>
```

그림 2.12 **VS Code에서 에러의 원인 위치 찾기**

행의 첫 번째부터 문자를 셀 때 공백도
하나의 문자로 인식해.

코드 2.1에서 '19행 21번째 문자'에서 에러가 발생한 것을 알 수 있다. 19
행 21번째 문자에 해당하는 위치는 `console.log(nickname)`에서 사용하
는 변수 `nickname`의 첫 번째 문자 n이다. 에러 메시지는 `nickname is not
defined`로 표시되며, 이는 'nickname은 정의되어 있지 않다'라는 의미다.

다시 한번 코드를 살펴보면 어디에도 `nickname` 변수는 정의되어 있지 않은 것을 확인할 수 있으므로, 에러의 원인이라는 것을 알 수 있다.

1.2절 '에러를 읽지 않게 되는 이유'에서 살펴보았지만 스택 트레이스는 여러 행에 걸쳐 긴 내용이 표시되는 경우가 있으므로 처음 보는 사람은 거부감을 느낄 수도 있다.

스택 트레이스는 에러가 발생한 최종 지점부터 확인하는 것이 효율적이다. **모든 행을 읽으려고 하지 말고, 최종 지점의 첫 번째 행부터 읽으면 문제를 쉽게 파악할 수 있다.**

모두 다 읽지 않아도 된다니,
뭔가 마음이 편안해지네.

■ 최종 지점만으로는 해결할 수 없을 때

스택 트레이스의 최종 지점을 읽고 원인의 위치를 특정할 수 있을 때도 있지만, 해당 정보만으로는 부족할 때도 있다. 1.2절 '에러를 읽지 않게 되는 이유 3'에서 소개한 예를 다시 한번 살펴보자. 다음은 어느 코드의 일부분으로 해당 코드에서 에러가 발생한다(그림 2.13, 그림 2.14).

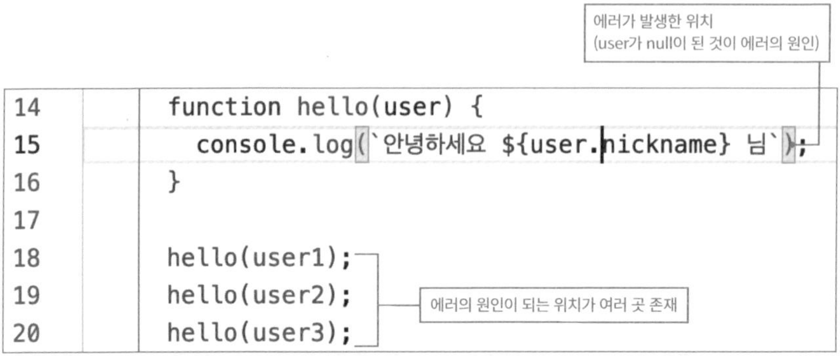

에러가 발생한 위치
(user가 null이 된 것이 에러의 원인)

```
14          function hello(user) {
15            console.log(`안녕하세요 ${user.nickname} 님`);
16          }
17
18          hello(user1);
19          hello(user2);
20          hello(user3);
```

에러의 원인이 되는 위치가 여러 곳 존재

그림 2.13 원인을 바로 알 수 없는 코드

```
⊗  ▶ Uncaught TypeError: Cannot read properties of null (reading 'nicknam
       at hello (sample.html:15:35)
       at sample.html:20:7
```

15행에서 에러가 발생한 원인을 알 수 있음

그림 2.14 원인을 바로 알 수 없는 에러

 스택 트레이스의 1행에 있는 index.html:15:35가 최종적으로 에러가 발생한 위치다. 에러 메시지는 Cannot read properties of null(reading 'nickname')이므로 user가 null이 된 것이 원인임을 알 수 있다. 이 문제를 해결하기 위해서는 hello 함수에 전달하는 인수인 user가 null이 되는 것에 대처해야 한다. 그러나 hello 함수를 사용하는 부분이 세 곳이 있으므로 **스택 트레이스를 모르면 user1, user2, user3을 모두 확인해야 한다**.

 그러나 스택 트레이스를 사용하면 여기서 에러의 원인이 되는 위치를 알 수 있다. 스택 트레이스의 두 번째 행을 살펴보자(그림 2.15). 20:7이 표시되어 있으므로 이 위치에서 호출하는 hello 함수가 원인이 되는 것을 알 수 있다. 원인이 되는 20행에서 사용되는 인수인 user3이 null이 되는 상황이다. 여기까지 확인이 가능하면 user3를 정의하는 곳을 확인하여 문제를 해결할 수 있다(그림 2.16).

```
⊗  ▶ Uncaught TypeError: Cannot read properties of null (reading 'nickname')
      at hello (sample.html:15:35)
      at sample.html:20:7
```

20행에서 호출하는 hello 함수가 에러의 원인

그림 2.15 **스택 트레이스의 2행 확인**

```
13
14      function hello(user) {
15        console.log(`안녕하세요 ${user.nickname} 님`);
16      }
17
18      hello(user1);
19      hello(user2);
20      hello(user3);  ←———— 20행이 원인이 되는 위치인 것을 알 수 있음
```

그림 2.16 **에러의 원인이 되는 위치**

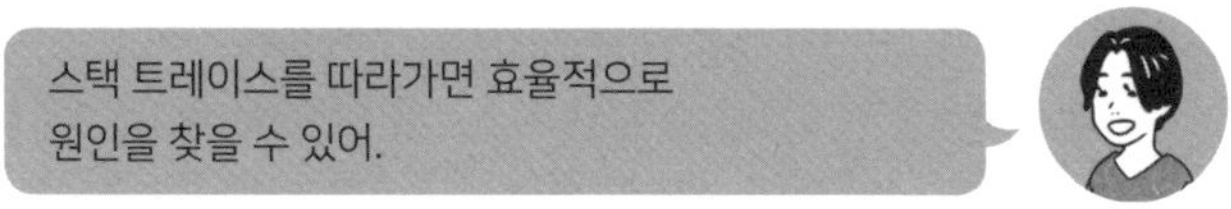

스택 트레이스를 따라가면 효율적으로 원인을 찾을 수 있어.

스택 트레이스의 흐름은 프로그래밍 언어에 따라 다를까?

자바스크립트를 포함하여, 많은 프로그래밍 언어는 스택 트레이스가 아래부터 위로 이동한다. 따라서 제일 위쪽을 보면 에러의 위치를 특정할 수 있다.

그러나 파이썬은 이와 반대로 출력한다. 앞에서 본 것과 같이 fn1 → fn2 → fn3로 처리가 진행되면 fn3 내부에서 에러가 발생했을 때 **파이썬의 스택 트레이스**는 다음 코드와 같다. 따라서 파이썬에서 에러의 원인을 찾기 위해서는 스택 트레이스의 가장 이래를 확인해야 한다.

에러 로그

```
Traceback (most recent call last):
  File "main.py", line 15, in <module>
    fn1()
  File "main.py", line 12, in fn1
    fn2()
  File "main.py", line 9, in fn2
    fn3()
  File "main.py", line 6, in fn3
    print(nickname)
NameError: name 'nickname' is not defined
```

에러 원인이 적혀 있음

에러의 종류를 알아보자

앞 절에서 에러에는 몇 가지 종류가 있다고 설명했다. 이번 절에서는 자바스크립트에서 확인할 수 있는 구체적인 에러의 종류를 확인해보자. 에러의 종류를 파악해두면 에러의 내용을 바로 알 수 있으므로 실수의 원인과 수정 방안도 쉽게 예측할 수 있다.

에러의 종류는 프로그래밍 언어에 따라 다르지만, 이번 절의 내용은 자바스크립트 이외의 언어를 학습하는 독자에게도 큰 도움이 될 것이다.

에러에는 몇 가지의 종류가 있다는 것을 인식하고 **에러의 유형에 따라 에러 메시지를 읽는 것이 중요하다.** 이를 인식하고 에러 메시지를 확인하면 에러가 읽기 쉬워지고 관련 지식도 자연스레 익힐 수 있다.

■ **이번 절에서 소개하는 자바스크립트 에러의 종류**

* **SyntaxError**: 문법 에러
    - 코드의 문법이 잘못되었을 때 발생
* **ReferenceError**: 참조 에러
    - 존재하지 않는 변수와 함수를 참조할 때 발생
* **TypeError**: 타입 에러
    - 값을 부적절한 방법으로 사용할 때 발생

- **RangeError**: 범위 에러
  - 허용되지 않은 범위의 값을 함수에 전달할 때 발생

에러의 종류 1 SyntaxError

먼저 SyntaxError를 알아보자. Syntax는 '문법'이라는 의미로, SyntaxError
는 문법이 잘못되어 발생하는 에러를 의미한다.

SyntaxError를 발생시키는 코드와 에러의 내용을 살펴보자.

SyntaxError가 발생하는 코드

```
function add[a, b] {    ◄─── [ 에러의 원인 ]
  return a + b;
};
```

SyntaxError 예

```
SyntaxError: Unexpected token '['
```

의미 문법 에러: 예상하지 못한 토큰 '['

함수를 정의하는 코드이지만 문법이 잘못되었다(에러 메시지 내부의 토큰
은 프로그램에서 최소 단위인 문자열과 기호를 의미한다). 함수를 정의할 때는
함수명 뒤에 ()을 사용해야 하지만 여기서는 이 부분이 []로 되어 있다. '('
로 기대하는 부분에 예상하지 못한 '['가 사용된 것을 알려준다.

이와 같이 SyntaxError는 문법의 문제다. 프로그램의 로직에 문제가 있
는 것은 아니므로 로직을 확인할 필요는 없다. 따라서 **표기 방식에 문제가**

있는 부분을 중점으로 찾으면 된다. 해당 부분만 찾으면 바로 해결되는 경우가 대부분일 것이다.

에러의 종류 2 ReferenceError

Reference란 '참조'라는 의미다. 예를 들어 존재하지 않는 변수를 사용하려고 할 때 참조하는 데이터가 존재하지 않으므로, 참조 에러인 ReferenceError가 발생한다.

ReferenceError가 발생하는 코드 1

```
let message = "즐거운 디버깅";

function showMessage() {
  console.log(mesage);    ●────── 에러의 원인 위치
}
showMessage();
```

ReferenceError의 예 1

```
ReferenceError: mesage is not defined
```

의미 참조 에러: mesage가 정의되어 있지 않음

이 에러는 `mesage`가 정의되어 있지 않은 상태를 나타낸다. 4행에서 `console.log`에 전달하는 인수가 `mesage`이지만 자세히 살펴보면 s가 하나 빠져 있는 것을 알 수 있다. `message`가 정의되어 있는 정확한 변수명이다. 이와 같이 정의되어 있지 않은 변수와 함수 등을 참조할 때 ReferenceError가 발

생한다.

예를 하나 더 확인해보자. 다음 코드를 보면 변수 message가 정의되어 있는 것처럼 보인다.

ReferenceError가 발생하는 코드 2

```
if (true) {
  const message = "즐거운 디버깅";
}
function showMessage() {
  console.log(message);  ←————[ 에러의 원인 ]
}
showMessage();
```

ReferenceError의 예 2

```
ReferenceError: message is not defined
```

> **의미** 참조 에러: message가 정의되어 있지 않음

2행에 message가 정의되어 있기는 하지만 이 변수는 if 문 내부에 정의되어 있으므로 스코프scope(유효 범위)는 if 문의 블록({ ~ } 내부)으로 한정된다. 이와 같이 변수가 정의되어 있더라도 스코프가 다르면 참조할 수 없으므로 ReferenceError가 발생한다.

> 스코프는 변수와 함수를 참조할 수 있는 범위라고!

에러의 종류 3 **TypeError**

TypeError는 프로그램의 값을 부적절한 방법으로 사용할 때 발생하는
에러다. 예를 들어 자바스크립트에서 문자열 길이를 확인할 때 사용하는
length 속성을 문자열이 아닌 null에 사용하려고 할 때 해당 에러가 발생
한다.

```
TypeError가 발생하는 코드 1

  "hello".length  ·──────  ❶ hello의 문자 수 5가 값으로 반환

  null.length  ·──────  ❷ 에러의 원인 위치
```

```
TypeError의 예 1

  TypeError: Cannot read properties of null (reading 'length')
```

null은 length 속성을 가지고 있지 않으므로 ❷와 같은 코드는 값(null)을
부적절한 방법으로 사용하게 된다.

타입을 문자열로 생각하고 처리했으나 Null 타입인 경우와 같이, 타입이
달라서 문제가 발생하는 일은 자바스크립트에서뿐만 아니라 다른 프로그
래밍 언어에서도 자주 발생하는 문제다. 문제의 발생을 줄이기 위해서라도
값의 타입을 확실히 의식하는 것이 필요하다.

자바스크립트에서 발생하는 TypeError에는 다음과 같은 케이스도 있다.

❶ const로 정의한 변수에 다시 대입을 할 때

❷ 함수가 아닌 값을 함수처럼 사용할 때

```
const a = 1;
a = 2;    ❶ const로 정의한 변수에 다시 대입

const x = "hello";
x();    ❷ 함수가 아닌 값을 함수처럼 호출할 때
```

```
TypeError: Assignment to constant variable.    ❶의 에러
TypeError: x is not a function    ❷의 에러
```

에러의 종류 4 RangeError

구체적인 예를 확인해보자. 배열을 생성하는 코드와 이에 따라 발생하는
에러다.

```
const arr = new Array(-1);
```

```
RangeError: Invalid array length
```

의미 범위 에러: 잘못된 배열의 길이

배열을 생성하기 위한 코드 new Array({인수})에 배열 요소의 수를 인수로 전달할 수 있으며, 유효 범위는 0 이상인 정수다. 앞의 예에서는 -1을 전달하고 있으므로 RangeError가 발생한다.

이와 같이 RangeError는 허용 범위를 벗어난 값을 인수로 전달할 때 발생한다. **이 에러가 발생할 때는 인수의 값을 확인한다.**

█ 다른 언어에서 발생하는 에러의 종류

다른 언어에서는 어떤 종류의 에러가 발생할까? 다음 내용을 확인해보자.

▣ PHP 에러

- **ParseError**: PHP 문법 에러
- **TypeError**: 인수와 반환값의 타입이 기대한 타입과 일치하지 않을 때 발생하는 에러
- **ValueError**: 함수가 유효 범위를 벗어난 값을 받을 때 발생하는 에러

▣ 루비 에러

- **SyntaxError**: 루비Ruby 문법 에러
- **NoMethodError**: 존재하지 않는 메서드가 호출되었을 때 발생하는 에러
- **ArgumentError**: 인수의 수나 형식이 기대하는 것과 다를 때 발생하는 에러
- **RuntimeError**: 유저가 스스로 정의한 에러의 기본 타입
- **NameError**: 초기화하지 않은 상수나 정의하지 않은 메서드를 참조할 때

발생하는 에러

- **TypeError**: 객체가 기대한 타입이 아닐 때 발생하는 에러

■ 파이썬 에러

- **AttributeError**: 속성 참조와 대입이 실패했을 때 발생하는 에러
- **ImportError**: import 문을 통한 모듈 로딩이 실패했을 때 발생하는 에러
- **IndexError**: 시퀀스의 인덱스가 범위를 벗어났을 때 발생하는 에러
- **KeyError**: 매핑한 키가 존재하지 않을 때 발생하는 에러
- **TypeError**: 객체의 타입이 적절하지 않을 때 발생하는 에러
- **ValueError**: 적절하지 않은 값을 인수로 받을 때 발생하는 에러

■ 에러의 종류를 알면 원인과 대책을 예측하기 쉽다

지금까지 소개한 것과 같이 에러의 종류를 알면 원인과 수정 방안을 예측하기가 쉽다. 소개한 에러 이외에 여러 에러가 있으며, 다른 언어에도 다양한 에러가 있다. 한 번에 모두 외울 필요는 없으며, 에러가 발생할 때마다 조금씩 지식을 쌓아가도록 하자.

같은 에러가 발생하면 같은 방식으로
해결할 수가 있겠구나!

제 3 장

효율적으로 에러의 원인 찾기

에러를 읽어봐도
이상한 곳이
안 보이는데…

어쩌면…

다음 날

무야, 이거?

선배님, 아직
들어가시면
안 돼요!

헉

화드득
짝

기묘한 에러가 발생해서
지금 퇴치를 하려고…。

기묘한 현상은
아니라고
보는데…。

앞에서는 에러를 읽는 방법과 중요성에 대해 알아보았다. 3장에서는 디버깅에 대해 배워보자. **디버깅**이란 에러의 원인을 특정하고 수정하는 작업이다.

지금까지 배운 에러를 읽는 것도 디버깅의 한 가지라고 할 수 있다. 프로그래밍을 하면서 에러를 확인해도 원인을 특정할 수 없는 상황과 에러가 발생하지 않더라도 의도대로 작동하지 않을 때가 많다.

이번 장에서는 이런 상황에서도 **효율적으로 에러의 원인을 찾는 방법**을 설명한다.

특히 에러가 발생하지 않는 상황에서 원인을 무턱대고 찾는 것이 아니라, 프로그램의 상황을 관찰하고 효율적으로 탐색하는 것이 중요하다.

디버깅이란?

디버깅debugging이란 **에러의 실제 원인을 찾고 수정하는 작업**을 말한다. 디버그debug란 프로그램 내 에러를 의미하는 버그bug에 라틴어 접두사인 de 가 붙은 것이다. de는 '제거하다'라는 의미를 가지므로, 문자 그대로 에러 (버그)를 제거하는 프로세스를 의미한다.

프로그래밍 중 많은 시간을 디버깅에 사용한다. 여러분도 작성한 코드가 생각대로 작동하지 않아 컴퓨터 앞에서 진전이 없는 시간을 보낸 경험이 있을 것이다. **디버깅 스킬은 효율적인 프로그래밍에 큰 영향을 준다**. 디버깅을 잘하면 프로그램의 개발 속도와 품질이 크게 향상된다.

디버깅은 신입 개발자에게 어렵고 지겨운 작업으로 느껴질 수도 있다. 그러나 한번 감을 잡으면 보물찾기나 수수께끼를 푸는 것처럼 즐거움을 느낄 수 있다. 또한 에러의 원인을 찾는 작업을 반복하다 보면 자연스레 프로그램에 대한 이해도도 깊어지므로 즐거운 마음으로 디버깅에 도전해보자.

버그는 벌레? 왜 벌레일까?

bug를 직역하면 벌레다. 왜 벌레일까? 한 가지 설은 미국의 컴퓨터 기술자인 그레이스 호퍼Grace Hopper가 컴퓨터 시스템의 에러를 수정할 때 컴퓨터 내부에 벌레 한 마리가 들어가서 시스템 오작동을 일으켰다는 이야기에서, 버그라는 단어가 에러와 문제를 의미하는 단어로 사용되었다는 것이다. 그러나 그 이전부터 토마스 에디슨Thomas Edison이 전기 기술적인 문제와 에러를 버그라고 칭했다는 이야기도 있다.

디버깅의 흐름

디버깅의 흐름을 그림으로 나타내면 다음과 같다(그림 3.1).

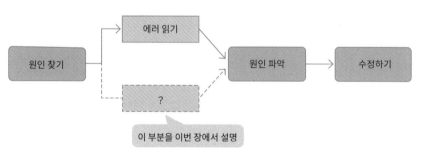

그림 3.1 **디버깅의 흐름**

 에러를 찾을 수 없을 때는 어떻게 해야 좋을까?

조금 과장해서 표현하자면 디버깅은 에러의 원인만 특정할 수 있으면 이미 끝난 것이나 다름없다. 지금까지 배운 것처럼 에러를 읽고 원인까지 찾아갈 수 있으면 문제가 없지만, 에러가 보이지 않거나 에러를 이해할 수 없을 때도 있다. 이때는 프로그램의 상태를 자세히 확인하는 프린트 디버깅 방법과 효율적으로 문제를 나누는 이진 탐색을 활용하여 에러의 원인을 찾아볼 수 있다. 3~4장에서는 이와 같은 에러의 원인을 특정하기 위한 방법을 설명한다.

아, 뭔가 어려워 보이는데요.

괜찮아! 막상 해보면 쉬워.

프린트 디버깅을 해보자

먼저 디버깅의 가장 기본적인 방법인 **프린트 디버깅**을 알아보자. 프린트 디버깅이란 신입 개발자와 경험이 풍부한 개발자 모두 자주 사용하는 기본적인 방법이다. 프린트 디버깅의 프린트는 문자 그대로 프로그램이 무언가를 출력print한다는 의미로, 디버깅 중 프로그램의 상태를 표시하기 위해 사용한다.

각 프로그래밍 언어에는 변수를 출력하기 위한 함수가 존재한다. 예를 들어 자바스크립트에서는 `console.log()`를 사용한다. 이 출력 함수를 사용하면 프로그램에서 변수의 내용을 확인하고 프로그램의 상태를 해석하면서 문제가 발생한 위치를 특정할 수 있다.

그럼 자바스크립트를 사용해 프린트 디버깅의 예를 살펴보자. 이 코드에 버그가 포함된 것은 아니지만 프린트 디버깅의 일반적인 사용 방법의 이해를 위해서 참고하도록 하자.

코드 3.1

```
function calcSum(a, b) {
  console.log(`인수의 값 : a = ${a} / b = ${b}`);   ← ❶ 인수의 값을 확인
  const sum = a + b;
```

```
  console.log(`처리 결과 : sum = ${sum}`);  •——— ❷ 처리 결과 확인
  return sum;
}

const sum = calcSum(1, 2);
console.log(`함수의 반환값 : ${sum}`);  •——— ❸ 함수의 반환값 확인
```

이 코드는 calcSum() 함수를 작성하고 실행한다. calcSum() 함수는 인수 a와 b를 전달받아 합계를 반환하는 단순한 덧셈 연산 처리 함수다. 이 함수의 처리를 확인하기 위해 console.log()를 사용해 인수의 값과 처리 결과의 값, 그리고 함수의 반환값을 출력한다.

실행 결과

```
인수의 값 : a = 1 / b = 2
처리 결과 : sum = 3
함수의 반환값 : 3
```

프로그램의 작동을 하나씩 출력해서
확인하고 있구나.

이와 같이 **특정 위치의 변숫값을 출력하면서 프로그램이 정상적으로 작동하는지 확인하는 것**이 프린트 디버깅의 기본이다.

디버깅이 이렇게 단순한 작업이냐고 생각할 수도 있다. 확실히 프린트 디버깅은 단순한 방법이기는 하지만, 경험이 풍부한 개발자도 자주 사용하는 중요한 방법이다. 프로그램의 작동을 순서대로 확인하는 방법이므로 예상하지 못한 문제와 버그를 빠르게 발견할 수 있다.

아직 개발에 익숙하지 않은 신입 개발자라면 프린트 디버깅이 귀찮고 효율적이지 않은 작업이라고 느낄 수도 있다. 실제로 에러를 만났을 때 프린트 디버깅을 사용하지 않고 코드를 천천히 분석하고 있는 신입 개발자도 꽤 볼 수 있다.

그러나 코드를 가만히 보고 있는 것만으로는 에러를 쉽게 해결할 수 없다. 프린트 디버깅처럼 단순해 보이는 작업이라도 실제로 사용해보면 빠르게 문제를 발견하고 해결할 수 있으므로, 결과적으로는 디버깅 작업 전체의 효율을 높일 수 있다.

▌프린트 디버깅으로 문제 해결하기

프린트 디버깅을 사용해 프로그램의 문제를 해결하는 방법을 확인해보자. 앞의 코드에 내용을 조금만 더 추가해보자(코드 3.2).

새로운 calcSum() 함수는 배열을 인수로 받아 모든 요소의 합계를 반환한다.

코드 3.2 (에러가 존재하는 코드)

```
function calcSum(array) {
  let sum = 0;
  for (let i = 0; i <= array.length; i++) {
    sum += array[i];
  }
  return sum;
}

const inputArray = [1, 2, 3, 4, 5];
const result = calcSum(inputArray);
```

이 calcSum() 함수를 실행할 때 예상되는 반환값은 '1+2+3+4+5'를 계산한 15다. 그러나 실제 코드를 실행해보면 반환값이 **NaN**(Not a Number)이다. NaN은 숫자가 아닌 값으로 연산(덧셈, 뺄셈 등)을 진행했을 때 반환되는 특별한 값으로, 계산이 제대로 진행되지 않은 것을 의미한다. 즉 이 코드는 어딘가에 문제가 있다는 의미다.

그럼 이 코드를 어떻게 디버깅하면 좋을지 생각해보자.

먼저 프린트 디버깅으로 변수의 값을 확인해보자!

먼저 첫 번째 예와 같이 각 스텝별로 변수의 내용을 출력하는 프린트 디버깅을 해보자. 각각의 행에 console.log를 입력한다.

코드 3.2에 프린트 디버깅 추가하기

```
function calcSum(array) {
  console.log(`1 array = ${array}`);        ← ❶ 인수의 배열 출력
  let sum = 0;
  for (let i = 0; i <= array.length; i++) {
    console.log(`2 i = ${i} / array[i] = ${array[i]}`);
    sum += array[i];                          ← ❷ For 문에서 사용하는 변수 출력
  }
  console.log(`3 sum = ${sum}`);             ← ❸ 합계값 출력
  return sum;
}

const inputArray = [1, 2, 3, 4, 5];
const result = calcSum(inputArray);
console.log(`4 ${result}`);                  ← ❹ 함수의 실행 결과(반환값) 출력
```

이 코드를 실행하면 다음과 같은 결과를 확인할 수 있다.

```
① array = 1,2,3,4,5
② i = 0 / array[i] = 1
② i = 1 / array[i] = 2
② i = 2 / array[i] = 3
② i = 3 / array[i] = 4
② i = 4 / array[i] = 5
② i = 5 / array[i] = undefined    ← 이 부분이 이상함
③ sum = NaN
④ NaN
```

출력 결과를 보면 이상한 것을 알 수 있다. ②가 계속되는 마지막 행에서 i가 5일 때는 array[i]가 undefined가 된다.

undefined는 숫자가 아니라 정의되지 않은 값이다. undefined는 숫자가 아니므로 덧셈 연산을 할 수 없다. 따라서 1 + undefined는 NaN이 되므로 반환값이 NaN이 된 것을 알 수 있다.

출력 결과를 잘 보면 인수로 전달하는 배열 요소의 수가 1부터 5까지 총 5개다. 그러나 console.log에서는 ②가 6회 출력된다.

이는 for 루프의 조건식에서 i가 0부터 i <= array.length까지로 0 이상 5 이하의 조건이 되어 한 번이 추가로 더 실행되기 때문이다. '배열의 첫 번째 요소는 1이 아니라 0부터 시작'한다는 규칙에 의해 발생하는 문제다. 마지막 6번째 루프에서는 배열의 요소가 존재하지 않으므로 undefined가 반환된다.

따라서 for 루프의 조건식을 i < array.length로 수정하면 배열의 모든

요소가 정상적으로 계산된다.

이와 같이 프린트 디버깅은 변수의 내용과 함수의 결과와 조건식을 확인하면서 에러의 원인을 찾는다. 평범하고 귀찮다고 느낄지 모르지만, 복잡하게 머릿속으로만 생각하는 것보다 **정보를 눈으로 확인하면서 확실하게 에러를 해결할 수 있다**는 장점이 있다.

 프린트 디버깅은 데이터의 흐름을
가시화할 수 있구나.

▌ 경로를 따라 문제의 위치 특정하기

프린트 디버깅은 변수의 내용을 확인할 뿐만 아니라 실행 중인 프로그램이 어떤 코드에 의해 실행되는지 경로를 확인하기 위해서도 사용된다. 이는 예상대로 프로그램이 작동하지 않을 때 해당 작업이 실행되고 있는지 확인하여 문제를 특정하는 데 도움이 된다.

다음 코드와 같이 함수 실행과 종료 시 프린트 디버깅을 설정할 수 있다 (코드 3.3).

코드 3.3

```
function main() {
  console.log("main() 실행");
  func1();
  console.log("main() 종료");
}

function func1() {
```

```
  console.log("func1() 실행");
  func2();
  console.log("func1() 종료");
}

function func2() {
  console.log("func2() 실행");
  // 기타 작업
  console.log("func2() 종료");
}

main();
```

실행 결과

```
main() 실행
func1() 실행
func2() 실행
func2() 종료
func1() 종료
main() 종료
```

이를 통해 프로그램 실행 시 어떤 순서로 함수와 작업의 호출이 이루어
지는지 가시화할 수 있다.

이 방법을 사용하지 않아도 문제를 쉽게 해결할 수 있다고 생각할 수도
있지만, 실제 디버깅 과정에서는 한 가지에 집중할수록 원인을 찾기가 더
어려워질 수도 있다. 불필요하게 느껴질지라도 명확하지 않은 부분을 없애
나가면 전체의 흐름을 확인할 수 있고, 이에 따라 생각하지 않은 위치에서
에러의 원인을 찾을 수도 있다.

이진 탐색으로 효율적으로 찾아보자

앞의 예와 같이 적은 양의 코드라면 프린트 디버깅만으로도 에러의 원인을 특정할 수 있다. 그러나 코드의 양이 많거나 여러 시스템이 연결되어 있으면 원인이 되는 위치를 추정하는 범위가 매우 넓으므로 시간이 많이 소요된다.

이때는 무작정 프린트 디버깅을 하는 것이 아니라 전체에서 원인이 예상되는 위치의 범위를 조금씩 줄여나가면 효율적으로 디버깅할 수 있다. 여기서는 **이진 탐색**binary search이라는 방법을 디버깅에 응용할 수 있는 방법을 소개한다. 이진 탐색은 디버깅과 직접적인 관계가 없는 알고리즘의 하나이지만, 에러의 원인을 효율적으로 찾기 위해서도 사용할 수 있다. 먼저 이진 탐색에 대해 간단하게 알아보자.

▌ 이진 탐색이란?

이진 탐색이란 찾는 값이 정렬된 배열의 어느 위치에 존재하는지를 효율적으로 탐색하는 알고리즘의 하나다.

먼저 간단한 예를 통해 이진 탐색의 구조에 대해 살펴보자. 다음 그림과 같이 숫자가 적힌 7장의 카드가 바닥을 보고 놓여 있다(그림 3.2). **중요한 조건은 카드에 적힌 숫자가 작은 순서대로 놓여 있다**는 것이다.

여기서 숫자가 30인 카드를 찾을 때
어떻게 카드를 뒤집는 것이 효과적일까?

그림 3.2 **카드가 바닥을 보고 있으며, 숫자가 작은 순서대로 놓여 있다.**

7장의 카드 중에서 숫자 30인 카드가 포함되어 있을 때 카드를 효율적으로 찾는 방법은 무엇일까?

그냥 처음부터 하나씩 뒤집으면
안 될까?

단순히 카드를 찾는 것이라면 순서대로 왼쪽부터 뒤집어도 된다. 그러나 효율적이지는 않다. 가장 운이 나쁠 때는 30인 카드가 가장 오른쪽에 있는 경우이며, 이때는 마지막으로 뒤집은 카드에서 30을 찾을 수 있게 된다. 마찬가지로 무작위로 카드를 뒤집는 경우도 효율적이지 않다.

■ 효율적으로 카드를 찾는 방법

카드를 효율적으로 찾는 방법을 확인해보자. 카드가 작은 숫자부터 순서대로 나열되어 있다는 것이 핵심이다. 먼저 첫 번째는 전체에서 가장 가운데 위치한 카드를 뒤집는다. 예에서는 왼쪽에서 4번째 카드다(그림 3.3).

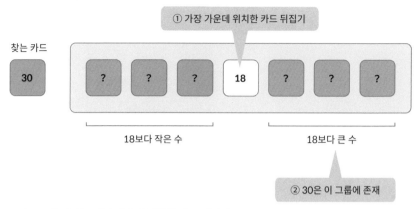

그림 3.3 첫 번째로 가장 가운데 위치한 카드 뒤집기

　가운데 카드를 뒤집었을 때 번호가 18인 카드가 있다고 가정해보자. 가운데 카드를 경계로 왼쪽의 카드는 모두 18보다 작은 숫자의 카드이며, 오른쪽은 모두 18보다 큰 숫자의 카드가 된다. 찾고 있는 카드는 30이므로 오른쪽 그룹에 있다는 것을 알 수 있다.

　이처럼 끝에서부터 카드를 뒤집는 것이 아니라 **가운데부터 확인하면 후보를 반씩 줄여갈 수 있다**. 이 작업을 반복하면 효율적으로 답에 가까워질 수 있다(그림 3.4).

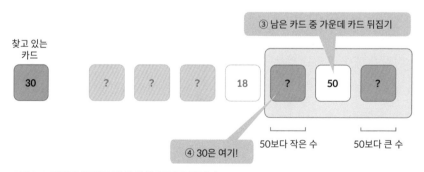

그림 3.4 범위를 줄여서 다시 가운데 카드 뒤집기

이진 탐색을 통해 찾는 탐색 범위를 반씩 줄여가면서 대상을 찾는 방법이다. 모든 요소를 확인하는 것보다 시간이 줄어들기 때문에 효율적으로 원하는 대상을 찾을 수 있다.

 반으로 나눌 수 있는 거구나.

▌ 프린트 디버깅으로 이진 탐색

이진 탐색을 디버깅에 활용해보자. 물론 코드는 앞에서와 같이 숫자가 적힌 카드가 아니며, 순서대로 나열되어 있지도 않다.

그러나 시스템은 기본적으로 <u>INPUT에서 시작해서 OUTPUT 출력</u>으로 끝난다(그림 3.5). 즉 실행 순서가 존재하는 것이다. 다양한 코드가 실행되는 순서를 앞의 예의 카드와 동일한 방식으로 확인하면 이진 탐색을 응용할 수 있다.

INPUT ⟶ 처리 A 처리 B 처리 C 처리 D 처리 E ⟶ OUTPUT

그림 3.5 **시스템에는 처리 순서가 존재**

프린트 디버깅을 무작정 진행하기보다는 <u>**이상하게 느껴지는 코드의 가운데 위치부터 시작하여 범위를 줄여갈 수 있다**</u>. 물론 명확하게 이상하다고 느껴지는 위치가 있다면 처음부터 그곳에서 시작해도 문제는 없다.

■ 이진 탐색을 사용한 디버깅의 구체적인 예

티켓의 금액을 계산하는 함수를 확인해보자. 티켓 금액은 다음의 규칙에
따라 계산한다.

- 18세 미만 미성년자는 15,000원
- 18세 이상 성인은 20,000원
- 쿠폰을 사용하면 5,000원 할인

다음 코드는 앞의 규칙을 코드로 구현한 예다. 코드에는 에러를 발생시키
는 부분이 포함되어 있다.

코드 3.4 (에러를 포함하는 코드)

```
function ticketPrice(age, useCoupon) {
  let price;

  if (age < 18) {
    price = 15000;
  } else {
    price = 20000;
  }

  if (useCoupon = true) {
    price = price - 5000;
  }

  return price;
}
```

함수의 작동을 확인해보자. 18세이며 쿠폰을 사용하지 않는 구매 금액을 계산할 때 다음과 같이 함수를 호출하면 결과는 얼마가 될까?

```
ticketPrice(18, false);
```

 18세면 성인 금액이고, 쿠폰을 사용하지 않는다면 20,000원인가?

그러나 실제로 함수를 실행해보면 금액은 15,000원이 된다. 이는 잘못된 계산이다. 어딘가에서 계산 실수가 발생했으므로 함수에 문제가 있다고 생각할 수 있다.

실행 결과

```
15000
```

어른은 20,000원이 되어야 하지만 15,000원이 된 원인은 '나이가 18세 이상인지를 판단'하거나 '쿠폰을 사용하는지 판단'하는 과정 중에 있을 것이다. 이처럼 예상되는 원인이 여러 가지일 때는 이진 탐색이 효과를 발휘한다. 문제가 되는 위치를 특정하기 위해 이진 탐색을 응용한 프린트 디버깅을 사용해보자.

함수를 반으로 나누어 디버깅한다. 함수의 로직은 나이에 따른 분기와 쿠폰 사용에 따른 분기, 2가지로 구분할 수 있다. 이진 탐색이므로 두 작업의 가운데 위치에 디버깅 코드를 삽입한다.

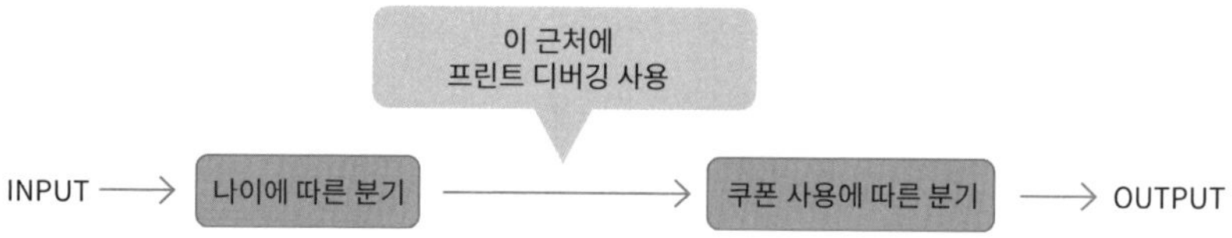

그림 3.6 **디버깅에 이진 탐색 응용**

이 근처에
프린트 디버깅 사용

INPUT ⟶ 나이에 따른 분기 ⟶ 쿠폰 사용에 따른 분기 ⟶ OUTPUT

코드 3.4에 프린트 디버깅 추가

```
function ticketPrice(age, useCoupon) {
  let price;

  if (age < 18) {
    price = 15000;
  } else {
    price = 20000;
  }

  console.log(`중간 결과: ${price}`);  •————[ 추가 ]

  if (useCoupon = true) {
    price = price - 5000;
  }

  return price;
}
```

수정한 ticketPrice() 함수를 같은 방식으로 실행해보자.

```
ticketPrice(18, false);
```

실행 결과는 다음과 같다.

중간 결과: 20000

나이에 따른 분기 뒤에 추가한 프린트 디버깅 코드를 통해 price 변수의
중간 결과가 표시된다. 20000이 출력되므로 이 시점에는 정확하게 나이에
따른 분기가 이루어지는 것을 알 수 있다.

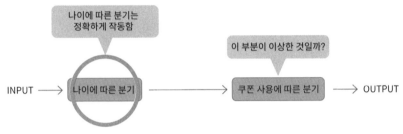

그림 3.7 앞의 코드는 문제가 없는 것을 확인

이진 탐색에 의해 앞부분의 코드는 문제가 없는 것을 확인했다. 따라서
문제가 되는 코드는 쿠폰에 따른 분기 작업을 처리하는 뒷부분에 있다고
예상할 수 있다. 해당 코드를 다시 자세히 보면 쿠폰 사용을 판단하는 if 문
에 동등 연산자인 ==를 사용해야 하지만, =를 하나만 사용하여 대입 연산자
로 사용되고 있다.

코드

```
if (useCoupon = true) {          useCoupon == true가 되어야 함
  price = price - 5000;
}
```

대입을 하고 있으므로 useCoupon 변수는 true가 되어 항상 5,000원 쿠폰을 사용하는 코드가 되어버린다.

이와 같이 코드도 이진 탐색으로 나누어 확인하면 에러를 쉽게 찾을 수 있다. 쉬운 설명을 위해 예에서는 짧은 코드를 사용했으므로 이진 탐색을 활용할 정도는 아니지만, 이 방식을 기억해두면 추후 디버깅 시 효율적으로 진행할 수 있다.

▌ 에러가 표시되는 부분에 문제가 없을 때는?

에러는 에러가 발생한 위치의 행을 구체적으로 알려준다. 그러나 수정을 위해 해당 행을 확인해도 무엇이 문제인지 알 수 없을 때가 있다. 이때도 이진 탐색을 응용하면 원인을 효율적으로 특정할 수 있다.

예를 들어 다음 코드를 syntax_error.html로 저장하고 브라우저에서 확인하면 콘솔에 에러가 표시된다.

코드 3.5

```
<script>
  for (let i = 1; i < 10; i++) {
    console.log("{i}는 ");
    if (i % 2 === 0) { console.log('2의 배수'); }
    if (i % 3 === 0) { console.log('3의 배수');
    if (i % 4 === 0) { console.log('4의 배수'); }
    if (i % 5 === 0) { console.log('5의 배수'); }
    if (i % 6 === 0) { console.log('6의 배수'); }
    if (i % 7 === 0) { console.log('7의 배수'); }
    if (i % 8 === 0) { console.log('8의 배수'); }
```

```
    if (i % 9 === 0) { console.log('9의 배수'); }
  }
</script>   ●────[ 13행 ]
```

```
Uncaught SyntaxError: Unexpected end of input ⤶
(at syntax_error.html:13:5)
```

에러는 syntax_error.html:13:5로 에러가 발생한 파일명과 행의 위치를 표시한다. 이번 예에서는 13행의 5번째 문자에서 에러가 발생한 것을 알 수 있다.

그러나 13행은 닫는 태그인 </script>가 있으므로 이 행의 코드는 문제가 없는 것 같다. 그렇다면 대체 어디가 문제일까?

에러를 확인해도 원인을 알 수가 없어!

이처럼 에러에 대한 위치를 구체적으로 표시해주고 있지만 실제로 해당 위치가 원인이 아닐 때가 있다. 이때는 이진 탐색을 사용할 수 있다.

방법은 간단하다. 앞에서와 동일하게 코드를 크게 반으로 나누고 한쪽을 코멘트 처리한다.

```
<script>
  for (let i = 1; i < 10; i++) {
    console.log("{i}는 ");
```

```
    // if (i % 2 === 0) { console.log('2의 배수'); }
    // if (i % 3 === 0) { console.log('3의 배수');
    // if (i % 4 === 0) { console.log('4의 배수'); }
    // if (i % 5 === 0) { console.log('5의 배수'); }
    if (i % 6 === 0) { console.log('6의 배수'); }
    if (i % 7 === 0) { console.log('7의 배수'); }
    if (i % 8 === 0) { console.log('8의 배수'); }
    if (i % 9 === 0) { console.log('9의 배수'); }
  }
</script>
```

이 상태로 코드를 실행하면 에러 메시지가 표시되지 않고 정상적으로 실행된다. 따라서 코멘트 처리를 한 부분에서 문제가 있을 가능성을 생각해 볼 수 있다. 이번에는 반대로 코멘트를 처리하도록 해보자.

```
<script>
  for (let i = 1; i < 10; i++) {
    console.log("{i}는 ");
    if (i % 2 === 0) { console.log('2의 배수'); }
    if (i % 3 === 0) { console.log('3의 배수');
    if (i % 4 === 0) { console.log('4의 배수'); }
    if (i % 5 === 0) { console.log('5의 배수'); }
    // if (i % 6 === 0) { console.log('6의 배수'); }
    // if (i % 7 === 0) { console.log('7의 배수'); }
    // if (i % 8 === 0) { console.log('8의 배수'); }
    // if (i % 9 === 0) { console.log('9의 배수'); }
  }
</script>
```

코드를 실행하면 에러 메시지가 표시된다. 또 다시 코드를 반으로 나누고 코멘트를 처리해보자.

```
<script>
  for (let i = 1; i < 10; i++) {
    console.log("{i}는 ");
    // if (i % 2 === 0) { console.log('2의 배수'); }
    // if (i % 3 === 0) { console.log('3의 배수');
    if (i % 4 === 0) { console.log('4의 배수'); }
    if (i % 5 === 0) { console.log('5의 배수'); }
    // if (i % 6 === 0) { console.log('6의 배수'); }
    // if (i % 7 === 0) { console.log('7의 배수'); }
    // if (i % 8 === 0) { console.log('8의 배수'); }
    // if (i % 9 === 0) { console.log('9의 배수'); }
  }
</script>
```

정상적으로 실행되는 것을 확인해보면 이제 원인이 되는 위치에 가까워진 것을 알 수 있다. 마지막에 코멘트 처리한 부분에 문제가 있을 것으로 추측할 수 있다. 코드를 잘 보면 3의 배수를 판단하는 5행에 if 문을 닫는 } 문자가 없는 것을 알 수 있다. 따라서 실제 원인이 되는 위치는 13행이 아니라 5행이다.

이번 예는 바로 눈치챌 수 있는 문법 에러였지만 복잡한 코드에서는 한 번에 찾아낼 수 없을 때도 있다. 이때 이진 탐색을 활용하여 코멘트 처리를 하면서 실제 원인을 찾으면 효율적으로 해결할 수 있다.

디버깅에 사용되는 시간도 줄어들 것 같아!

왜 다른 위치가 표시될까?

왜 앞에서는 실제 원인과 다른 위치의 행이 표시되었을까? 더욱 간단한 코드로 확인해보자.

```
for () {
  if () {   ●————  if 문을 닫는 태그가 없음
}
```

이 코드를 보면 if 문을 닫는 부분이 빠진 것을 알 수 있다. 그러나 컴퓨터는 if 문을 닫는 것이 아니라, for 문을 닫는 것이 빠진 것으로 해석한다. 컴퓨터의 관점에서는 코드를 정리하면 다음과 같다.

```
for () {
  if () {}
  ●————  for 문을 닫는 태그가 없음
```

컴퓨터는 이 코드에서 2행이 아닌 3행에서 에러가 발생한다고 생각한다. 따라서 if 문과 for 문 등 스코프를 나타내는 문법에 의한 에러가 원래 위치와 다른 장소로 표시되는 것이다.

더욱 큰 단위로 이진 탐색하기

시스템은 하나의 유형의 코드가 아니라 여러 요소가 모여서 작동한다. 일반적인 웹 애플리케이션은 브라우저에서 작동하는 **프런트엔드**(자바스크립트, HTML, CSS)와 서버에서 작동하는 **백엔드**(PHP, 루비, 데이터베이스, 인프라)가 함께 작동한다(그림 3.8).

이와 같은 시스템의 요소에서 에러의 원인을 특정하는 것은 쉽지 않다.

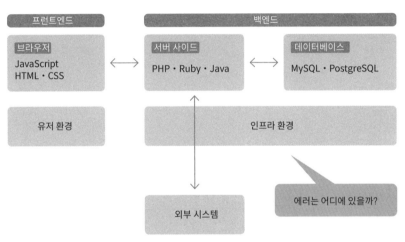

그림 3.8 **시스템은 다양한 요소가 모여서 작동**

앞의 이진 탐색을 응용해보자. 시스템 전체를 어떻게 나누면 좋을지 의문이 들 수도 있다. 시스템을 이등분하는 위치를 결정하기 어려우므로 <u>**프런트엔드와 백엔드, 서버와 데이터베이스 등 물리적인 경계를 분명한 단위로 분할하는 것을 추천**</u>한다.

여기서는 먼저 프런트엔드와 백엔드를 나누어보자(그림 3.9).

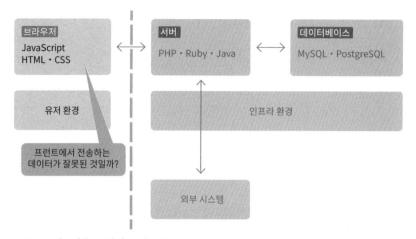

그림 3.9 시스템을 큰 단위로 나누기

먼저 프런트엔드에서 전송하는 데이터에 문제가 없는지 확인해보자. 전송하는 데이터가 예상한 데이터와 같다면 프런트엔드에는 문제가 없다고 판단할 수 있다(그림 3.10).

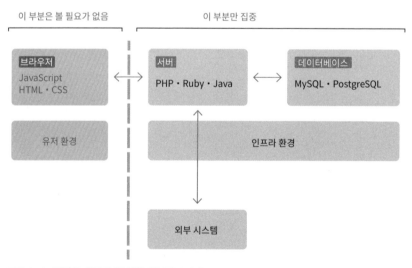

그림 3.10 원인은 서버에 존재할 것이라고 추측

이것으로 탐색할 범위를 백엔드로 압축했다. 추가로 주목해야 할 부분은 서버와 데이터베이스 또는 인프라와 외부 시스템이다. 앞의 작업을 반복하면서 큰 단위부터 문제가 없는 부분을 줄여 나간다(그림 3.11).

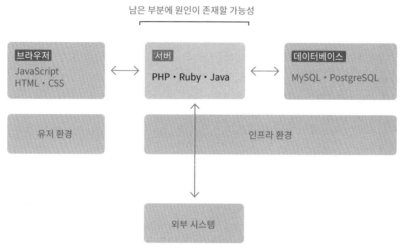

그림 3.11 작업을 반복하면서 원인이 되는 부분을 압축하기

엄밀히 말해 한가운데를 기준으로 잡은 것은 아니지만 먼저 프런트엔드와 백엔드, 데이터베이스 등 나누기 쉬운 큰 단위부터 나누는 것만으로도 디버깅이 쉬워진다.

깃을 사용한 이진 탐색

버전 관리 도구인 깃Git에는 이진 탐색으로 에러의 원인을 찾는 'bisect 커맨드'라는 편리한 기능이 있다. 버전 관리 도구는 작은 숫자 순으로 나열된 카드와 같이 과거에서 현재까지를 시계열 순으로 하여 변경 이력을 기록한다.

bisect 커맨드는 이력이 시계열 순서로 되어 있는 특징을 사용해 과거의 어느 시점부터 에러가 발생했는지 효율적으로 조사할 수 있다. 이진 탐색의 방식을 사용해 에러가 없는 지점과 존재하는 지점의 가운데 위치부터 에러의 발생을 찾으면서 에러가 발생한 변경 이력을 특정한다.

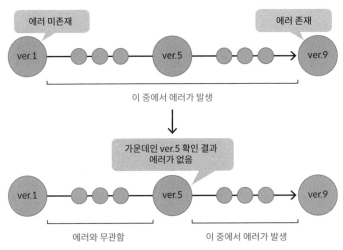

그림 3.A 깃에서 이진 탐색 응용

bisect 커맨드를 사용하는 방법은 이 책에서 설명하지는 않지만, 사용 방법이 간단하므로 깃의 레퍼런스를 확인하면서 시도해보도록 하자.

최소한의 코드로 디버깅해보자

에러의 원인을 효과적으로 찾기 위해서는 이진 탐색 이외에 **최소한의 코드로 에러를 재현**하는 방법도 활용할 수 있다. 무작위 디버깅은 모래사장에서 바늘을 찾는 것과 같다. 효율적인 디버깅을 위해서는 먼저 에러의 원인과 관계가 없을 것 같은 부분을 제외하면서 확인할 범위를 줄이는 것이 중요하다(그림 3.12).

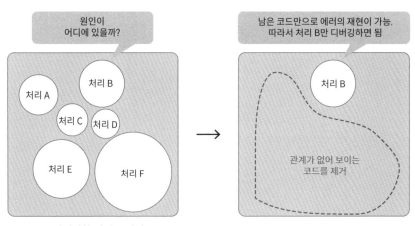

그림 3.12 디버깅할 범위 줄이기

예를 들어 SNS 프로필을 편집하는 폼을 창으로 표시하는 기능을 생각해보자(그림 3.13). 창은 유저 이름과 프로필 사진 등을 변경할 수 있는 기능을 제공하며, 편집 버튼을 클릭하면 창이 표시된다.

그림 3.13 프로필을 편집하는 폼

창을 표시할 때 내부에서는 다음과 같은 처리가 발생할 것이다.

* 편집하기 버튼의 클릭 이벤트로 창을 표시
* 프로필 이미지와 유저 이름을 업데이트하는 폼을 표시
* 유저 정보를 데이터베이스에서 가져오기

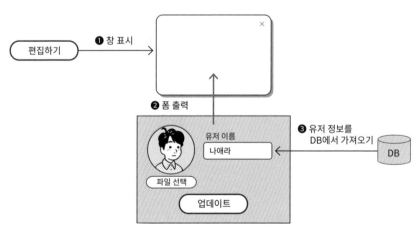

그림 3.14 창을 표시하는 처리

그러나 실제로 작동을 확인해보면 편집 버튼을 클릭해도 창이 표시되지 않으므로 에러가 있다는 것을 알 수 있다. 이 상황에서 최소한의 코드로 디버깅하는 방법을 시도해보자.

최소한의 코드를 사용하기 위해 창의 표시와 직접 관계가 없어 보이는 처리를 제거한다. 먼저 유저 정보를 데이터베이스에서 가져오는 처리를 삭제해보자. 폼에는 더미 데이터를 표시하도록 한다(그림 3.15).

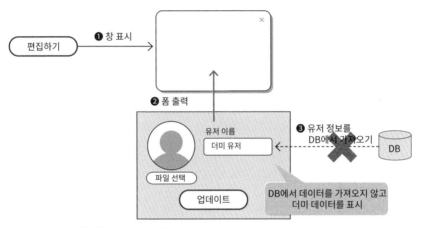

그림 3.15 유저 정보를 가져오는 처리 제거하기

만약 이 시점에 창이 제대로 표시된다면 유저 정보를 데이터베이스에서 가져오는 처리에 문제가 있는 것으로 볼 수 있다. 창이 표시되지 않는다면 계속해서 처리를 제거하여 최소한의 코드만 남기도록 하자.

이번에는 폼 출력 자체를 삭제해보자. 해당 작업을 삭제하고 나면 빈 내용의 창만 표시되는 작업만 남는다.

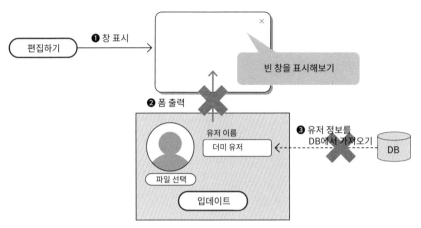

그림 3.16 폼 출력 삭제하기

이 상태에서 작동을 확인하면 정상적으로 창이 표시된다. 따라서 문제는 폼을 출력하는 처리에 있다는 것을 알 수 있다.

이 방법이 최소한의 코드로 에러를 재현하는 디버깅 방법이다. 코드를 점차 제거하면서 최소한의 상태로 만드는 과정에서 문제가 있는 부분을 찾을 수 있다.

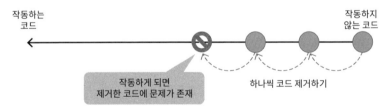

그림 3.17 코드를 작동하도록 만들기

반대로 최소한의 상태부터 코드를 작성하여 조금씩 살을 붙여가면서 문제를 재현하는 접근 방식도 있다. 코드의 양이 너무 많을 때는 어떤 부분이 어떻게 영향을 주는지 파악이 어려워 문제를 나누기가 쉽지 않다. 이런 상황에서는 처음부터 샘플 애플리케이션을 최소 필요 사항부터 구현하여 문제의 원인을 찾아갈 수 있다.

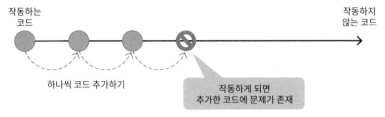

작동하는
코드

작동하지
않는 코드

하나씩 코드 추가하기

작동하게 되면
추가한 코드에 문제가 존재

그림 3.18 코드를 작동하지 않게 만들기

상황에 따라 더 적절하거나 사용하기 편한 방법을 사용하면 된다. **중요한 부분은 코드를 물리적으로 제거하고 의심스러운 부분을 조금씩 줄여나가는 것이다.**

█ 최소한의 코드는 도움을 요청하기 쉽다

최소한의 코드로 에러를 재현하는 방식의 장점은 디버깅을 효율적으로 할 수 있는 것뿐만이 아니다.

디버깅 작업을 하면서 팀원에게 도움을 요청할 때, 복잡한 대량의 코드를 전달하게 되면 모든 코드를 분석해야 하므로 매우 비효율적이다.

이때는 에러를 재현할 수 있는 최소한의 코드만 전달하면 확인하는 사람의 입장에서도 필요한 부분만 확인할 수 있게 되므로 작업을 효율적으로 진행할 수 있다.

다른 팀원에게 도움을 요청할 때도
최소한의 코드로 전달해야겠네요.

그럼 너무 좋지~

자고 나면 버그가 수정된다?

자고 일어나면 버그가 스스로 수정되는 일은 발생하지는 않는다. 그러나 잘 해결되지 않는 문제를 만났을 때 끊임없이 고민만 하기보다는 잠을 푹 자고 나면 머릿속이 정리가 되고 눈을 떴을 때 갑자기 문제를 해결할 수 있는 방법이 떠오를 수도 있다.

수면은 일을 잘 하기 위해서도 중요하다. 작업을 하다가 막히는 경우에는 침대로 들어가보자. 어쩌면 생각하지 못한 새로운 아이디어가 떠오를 수도 있다.

디버깅을 빠르게 진행하기 위한 방법

디버깅에서 기본적으로 중요한 것은 사전에 가설을 세우고 검증을 계속 의식하는 것이다. 디버깅이 빠른 사람과 느린 사람을 관찰해보면 다음과 같은 차이를 보인다.

사전에 가설 세우기

디버깅이 빠른 사람은 문제가 있는 위치를 특정하고 가설을 세우는 능력이 있다.

그림 3.19 디버깅이 빠른 사람은 사전에 가설을 세운다.

프로그래밍을 하면서 다양한 에러의 패턴을 경험하면 실제 에러를 만났을 때 경험을 토대로 원인을 예측하고 가설을 세울 수 있게 된다. 또한 특정 시스템을 장기간 다루게 되면 시스템 전반에 대한 이해도가 깊어져 더욱 좋은 가설을 세울 수 있다.

물론 가설을 세우는 것은 경험이 풍부한 사람만 할 수 있는 것은 아니다. 그러나 경험이 풍부한 사람일수록 타당한 가설을 세우기가 쉽다. 다만 가설 자체는 익숙하지 않은 개발자라도 세울 수 있는데, '구체적으로는 잘 모르겠지만 이 부분일 것 같다'처럼 애매한 정도라도 문제없다.

가설을 세우기 위한 테크닉은 다음을 참고하면 좋다.

* 원인과 예상을 생각나는 대로 리스트로 작성하기
* 리스트로 작성하는 내용은 최대한 구체적이면서 간단하게 작성하기
* 중복되는 부분은 삭제하고 여러 요인이 있으면 나누기
* 마지막으로는 중요해 보이는 순서에 따라 나열하기

이렇게 하면 우선순위를 반영한 가설을 작성할 수 있다.

■ 가설의 예

* 인수의 값이 예상과 다를 가능성
* 변수가 도중에 의도하지 않게 변경될 가능성
* 함수의 실행 순서에 문제가 있을 가능성
* 라이브러리의 사용 방법이 잘못될 가능성

한 번에 하나씩 검증하기

가설을 세운 뒤의 검증 방법도 빠른 사람과 느린 사람은 차이가 있다.

디버깅이 빠른 사람은 한 번에 하나씩 검증한다. **한 번에 여러 개의 가설을 검증하기보다 처음 세운 가설이 타당한지 검증하는 것에 집중한다**. 따라서 변경하는 코드도 최소한이 된다.

그러나 익숙하지 않은 개발자는 문제에 직면하게 되면 당황해서 생각나는 대로 다양한 것을 검증하려고 한다. 그 결과, 다양한 위치에서 코드를 변경하게 되어 시스템 전체에 영향을 미치기도 하고, 문제가 더욱 복잡해지기도 한다. 변경하는 부분은 최소한으로 하는 것이 좋다.

계획 없이 진행하는 것이 아니라 특정 가설을 검증하는 부분에 집중하는 것이 디버깅을 빠르게 진행하기 위해 중요하다.

그림 3.20 **디버깅이 빠른 사람은 한 번에 하나씩 검증**

작은 의문에 귀를 기울이자

디버깅에 익숙하지 않은 사람은 하나의 가설에 집착하는 경우가 많다. 같은 부분을 다양한 방법으로 확인하면서 계속 고민한다. 해당 부분 이외에는 원인이 없다고 생각한다.

그러나 디버깅이 빠른 사람은 하나만 고집하지 않는다. 에러에 직접적인 관계가 없는 코드라고 할지라도 조금이라도 의심이 가는 부분은 가능성이 낮더라도 확인을 한다.

불필요한 작업이라고 생각될 수도 있지만 이렇게 의문이 드는 부분을 하나씩 확인해나가면 효율적인 디버깅을 진행할 수 있다.

그림 3.21 디버깅이 빠른 사람은 작은 의문에도 귀를 기울인다.

▌ 귀찮아하지 말자

필자는 프로그래밍에 익숙하지 않은 사람으로부터 에러에 관해 질문을 받은 적이 있다. 에러의 상황을 듣고 XX는 확인해보았냐고 물어보자, 원인은 아닌 것 같고 확인할 게 많을 것 같아 해보진 않았다는 대답을 들었다. 상황은 이해하지만 이와 같이 애매한 판단은 디버깅에서는 지양해야 한다.

디버깅을 잘하는 사람을 보면 불필요한 작업 없이 효율적으로 디버깅을 진행한다고 생각할 수 있다. 그러나 실제로는 그렇지 않은 경우가 많다. 디버깅이 빠른 사람일수록 귀찮은 일을 피하지 않는다. 문제를 해결하기 위해 지루한 일을 얼마나 반복하는지가 디버깅의 효율을 좌우한다.

헛수고일지도 모르지만 한번 해보자.

귀찮으니까 하지 말자.

그림 3.22 디버깅이 빠른 사람은 귀찮아하지 않는다.

COLUMN

테디 베어 효과

테디 베어 효과란 문제에 봉착했을 때 인형에게 말을 거는 것과 같이, 다른 사람에게 말하는 것만으로도 지금까지 생각하지 못한 아이디어가 떠오르거나 무심코 지나친 부분을 발견하는 현상을 말한다. 디버깅의 세계에서도 비슷하게 러버덕 디버깅rubber duck debugging이라는 것이 있다. 이것은 오리 장난감에게 코드를 한 줄씩 설명하면서 디버깅하는 방법이다.

디버깅은 혼자서 퍼즐을 더듬더듬 맞추는 것과 같은 작업이다. 테디 베어나 오리 장난감에게 말을 거는 것이 이상해 보일지는 몰라도 막힌 상태에서는 혼자서 고민하는 것보다 누군가와 의논하는 것이 좋다.

의논할 때는 러프하게 하는 것이 좋다. 대본처럼 내용을 자세하게 말하는 것이 아니라 가볍게 막힌 부분을 설명하는 것이 효과적이다. 어쩌면 이 과정에서 갑자기 해결책이 떠오를지도 모른다.

제 4 장

도구를 활용해 편하게 디버깅해보자

업무 중 **디버거**debugger라는 도구를 들어본 적이 있을 것이다. 4장에서는 디버거를 사용하는 디버깅 방법에 대해 설명한다. 디버거는 사용법이 어려워 보이기 때문인지 몰라도 피하려는 사람이 많다. 그러나 기능 자체는 간단하므로 용어를 이해하고 익숙해지면 그렇게 어렵지 않다.

디버거에 익숙해지면 3장에서 배운 **프린트 디버깅과 같은 방법을 더욱 효율적으로 진행**할 수 있다. 디버깅에 사용되는 시간을 줄이면 프로그래밍의 생산성도 크게 올라간다. 따라서 가벼운 마음으로 도전해보자.

프로그래밍 언어와 에디터에 따라 구체적인 디버거 도구는 다르지만 기본적인 사용법은 같다. 사용법을 익히면 다양한 부분에서 도움이 된다.

4.1

디버거는 강력한 도구

디버거는 디버깅을 지원하는 도구다. 이름은 들어본 적이 있지만 사용해본 적이 없는 사람도 많을 것이므로, 4장에서는 니버거의 사용 방법에 대해 설명한다.

디버거는 구체적으로 어떤 작업을 할 수 있는 도구일까? **디버거는 프로그램 실행 중 특정 위치에서 작업을 중단할 수 있다**. 중단된 프로그램은 대기 상태가 되어 해당 시점에서 변수의 값을 확인하거나 새로운 코드를 작성하여 실행할 수 있다. 코드를 한 줄씩 실행하면서 결과를 확인하는 스텝업 기능도 제공한다.

이와 같이 **디버거는 3장에서 설명한 프린트 디버깅보다 효율적으로 작업할 수 있는 강력한 도구**다. 프린트 디버깅은 변수의 값을 출력하기 위해 수동으로 코드를 삽입하며, 삽입이 빠진 부분은 다시 삽입 작업을 해야 한다. 그러나 디버거를 사용하면 프로그램 중단만으로 디버깅 작업을 유연하고 효율적으로 진행할 수 있다(그림 4.1).

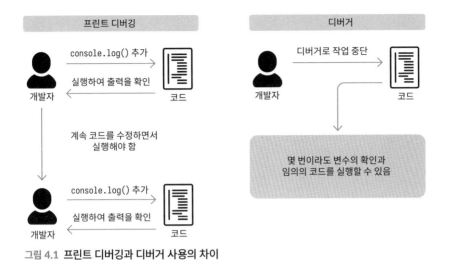

그림 4.1 프린트 디버깅과 디버거 사용의 차이

사용하는 프로그래밍 언어와 프레임워크에 따라 사용하는 디버거 도구가 다르다. 예를 들어 웹 애플리케이션에서 자바스크립트는 브라우저에 내장된 개발자 도구를 사용하며, PHP는 **Xdebug**, 루비는 **debug.gem**이 대표적인 도구다. 사용 방법은 다양하며 콘솔에서 실행하거나 에디터에 포함된 것도 있다. 여기서는 자바스크립트를 예로 브라우저(크롬)의 개발자 도구를 사용해서 설명한다.

디버거를 사용하는 것은 코드의 문제점을 찾고 수정하기 위해 중요하다. 처음의 도입과 설정은 어렵게 느낄 수도 있지만 이를 극복하면 효율적이면서도 확실하게 디버거를 사용할 수 있다. 지금부터 사용법을 알아보자.

브레이크포인트를 사용해보자

디버거에서 가장 중요한 브레이크포인트breakpoint 기능을 알아보자.

브레이크포인트란?

브레이크포인트란 디버깅 작업에서 매우 도움이 되는 기능 중 하나다. 브레이크포인트는 **실행 중인 프로그램을 임의의 위치에서 일시 정지하는 기능을 제공**한다. 프로그램 처리 과정에서 설정한 브레이크포인트에 도달하면 해당 위치 이후의 작업을 일시적으로 중단한다.

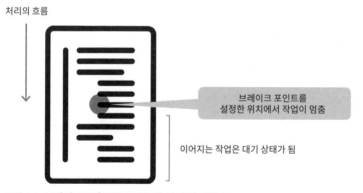

처리의 흐름

브레이크 포인트를
설정한 위치에서 작업이 멈춤

이어지는 작업은 대기 상태가 됨

그림 4.2 **브레이크포인트로 프로그램 일시 정지하기**

일시 정지한 상태에서 **프로그램의 상태를 관찰**할 수 있다. 구체적으로는 변수의 데이터를 확인하고 임의의 코드 실행이 가능해진다. 이를 통해 버그의 원인을 특정하거나 프로그램이 예상대로 작동하는지 확인할 수 있다.

크기가 작은 프로그램이라면 프린트 디버깅으로 변수의 데이터를 확인하는 것도 효과적이지만, 프로그램의 규모가 클 때는 효율이 떨어진다. 브레이크포인트를 활용하면 해당 위치에서 다양한 검증을 할 수 있으므로 프린트 디버깅을 반복하는 시간을 단축할 수 있다.

프로그램의 처리를 잠시 멈춘다니…
정말일까?

▍브레이크포인트 설정 방법

실제로 브레이크포인트를 설정해보자. 먼저 브레이크포인트의 작동을 이해하기 위해 간단한 예를 살펴본다. 다음 HTML 파일을 크롬에서 열어보자(코드 4.1).

이 HTML은 로그를 출력하는 함수 `console.log()`를 사용하여 1, 2, 3을 표시하는 자바스크립트 코드를 사용한다.

코드 4.1

```
<!DOCTYPE html>
<html lang="ko">
  <head>
    <meta charset="UTF-8" />
  </head>
  <body>
```

```
    <h1>샘플</h1>
    <script>
      console.log(1);
      console.log(2);
      console.log(3);
    </script>
  </body>
</html>
```

먼저 자바스크립트 코드를 실행해보자. 크롬에서 HTML 파일을 열고 화면 오른쪽 위에 있는 3개의 점인 ⋮ 마크를 눌러 '도구 더 보기' → '개발자 도구'를 선택하면 개발자 도구를 열 수 있다(그림 4.3).[1]

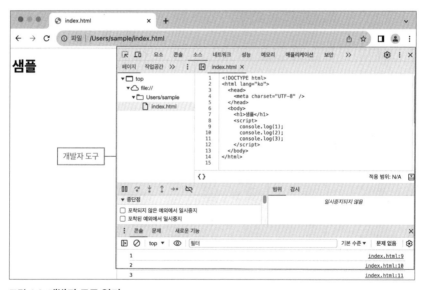

그림 4.3 개발자 도구 열기

개발자 도구의 콘솔 탭에서 console.log()로 출력한 1, 2, 3이 표시되는 것을 확인할 수 있다(그림 4.4).

그림 4.4 console.log()의 **출력 결과가 표시됨**

만약 콘솔 탭이 보이지 않을 때는 개발자 도구의 메뉴(⋮ 마크)에서 '콘솔 창 표시(Show console drawer)'를 선택하면 콘솔 탭을 표시할 수 있다.

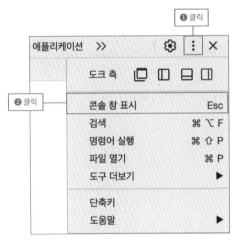

그림 4.5 **콘솔 탭 표시**

■ 개발자 도구에서 브레이크포인트 설정하기

이제 브레이크포인트를 설정해보자. 브레이크포인트는 '소스' 탭에서 해당 파일을 선택하면 오른쪽에 소스 코드가 표시된다(그림 4.6).

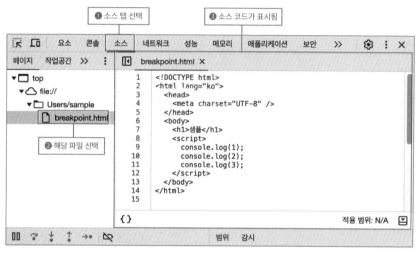

그림 4.6 **소스 코드 표시하기**

브레이크포인트의 설정은 간단하다. 소스 코드에서 행의 숫자 부분을 클릭하면 파란 마커가 설정된다. 이것이 브레이크포인트다. 파란 마커 부분에서 작업이 정지된다. `console.log(2);` 부분에 브레이크포인트를 설정해보자(그림 4.7).

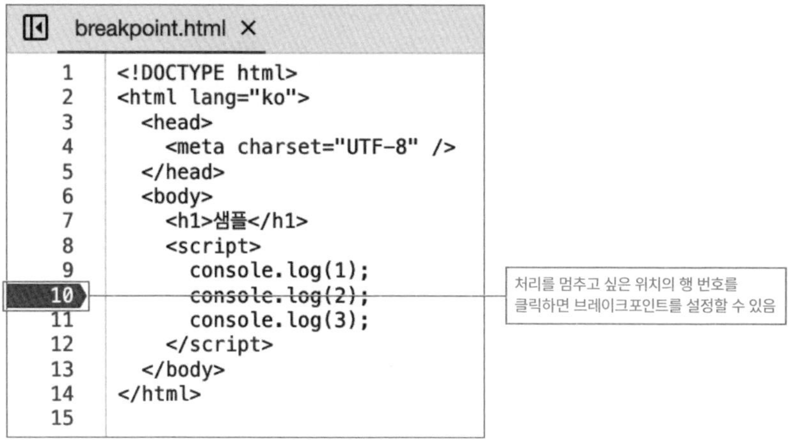

```
breakpoint.html  ✕
1    <!DOCTYPE html>
2    <html lang="ko">
3      <head>
4        <meta charset="UTF-8" />
5      </head>
6      <body>
7        <h1>샘플</h1>
8        <script>
9          console.log(1);
10         console.log(2);
11         console.log(3);
12       </script>
13     </body>
14   </html>
15
```

처리를 멈추고 싶은 위치의 행 번호를
클릭하면 브레이크포인트를 설정할 수 있음

그림 4.7 **브레이크포인트 설정하기**

브레이크포인트를 설정한 상태에서 브라우저를 다시 로드해보면 브레이크포인트가 작동하여 설정한 위치에서 처리가 중단된다. 브레이크포인트가 작동하는 동안에는 브라우저 화면의 표시도 브레이크포인트 전용으로 바뀐다(그림 4.8).

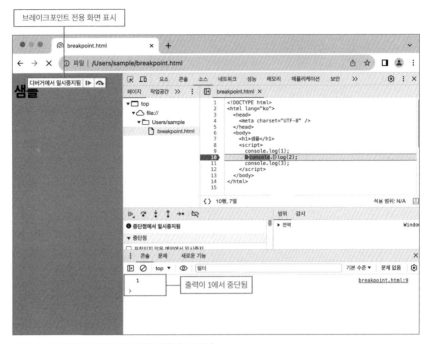

그림 4.8 브레이크포인트에 의해 처리가 중단됨

작업이… 멈췄어…!

콘솔 탭을 확인해보면 1만 출력되고 있다. 브레이크포인트를 설정한 console.log(2);는 실행되지 않고 작업이 멈춘 것을 확인할 수 있다. 작업을 재개하기 위해서 파란 화살표 아이콘을 클릭하면 멈춘 지점부터 작업이 재개된다(그림 4.9).

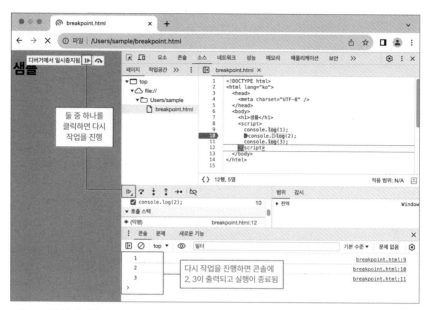

그림 4.9 작업 재개하기

이와 같이 작업을 멈추고 싶은 코드의 행의 숫자를 클릭하고 프로그램을 실행하면 브레이크포인트를 사용할 수 있다. 설정한 브레이크포인트를 해제할 때는 파란 마커를 다시 클릭하면 해제할 수 있다.

브레이크포인트를 사용해 디버깅해보자

여기서는 단순히 작업을 멈추는 것이 아니라 실제 디버깅에서 사용하는 방법을 알아보자. 다음 HTML 파일을 생성하고 크롬으로 열어보자(코드 4.2).

```
<!DOCTYPE html>
<html lang="ko">
  <head>
    <meta charset="UTF-8" />
  </head>
  <body>
    <input type="text" name="num1" size="4" />
    +
    <input type="text" name="num2" size="4" />
    =
    <span class="result"></span>
    <button type="button">계산하기</button>
    <script>
      const num1 = document.querySelector("[name=num1]");
      const num2 = document.querySelector("[name=num2]");
      const result = document.querySelector(".result");
      const calcButton = document.querySelector("button");
      calcButton.addEventListener("click", () => {
        const sumNum = sum(num1.value, num2.value);
        result.textContent = sumNum;
      });
      function sum(a, b) {
        return a + b;
      }
    </script>
  </body>
</html>
```

이 HTML 파일을 브라우저에서 열면 다음과 같이 두 개의 입력란과 '계산하기' 버튼이 표시된다(그림 4.10). 숫자를 두 개 입력하면 합계를 계산하는 간단한 애플리케이션이다.

그림 4.10 **샘플 애플리케이션**

　실제로 숫자를 입력해서 계산해보자. 1과 2를 입력하고 계산하기 버튼을 누른다(그림 4.11).

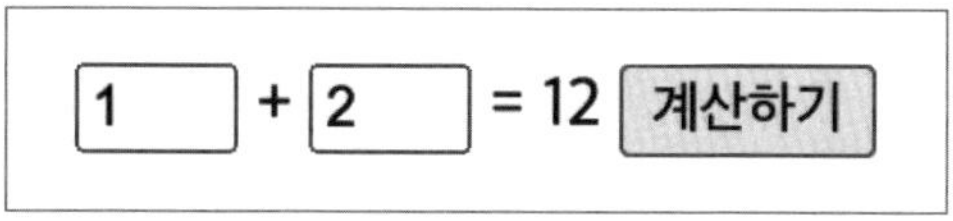

| 1 | + | 2 | = 12 | 계산하기 |

그림 4.11 **1 + 2의 계산 결과**

　결과는 3을 기대했지만 12가 표시된다. 즉 이 애플리케이션에는 문제가 있다고 볼 수 있다.

　이제 브레이크포인트를 사용해 문제의 원인을 살펴보자. 크롬의 개발자 도구를 열고, 소스 탭을 열면 앞에서 생성한 HTML 파일의 소스 코드가 표시된다(그림 4.12).

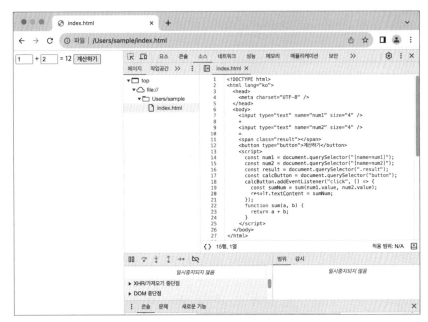

그림 4.12 샘플 애플리케이션의 소스 코드 표시

앞의 예와 마찬가지로 브레이크포인트를 설정하기 위해 코드의 행의 숫자를 클릭한다. 이번에는 버튼을 클릭했을 때의 처리를 확인하고 싶으므로 클릭 이벤트 함수가 있는 19행에서 멈추도록 해보자(그림 4.13).

```
1   <!DOCTYPE html>
2   <html lang="ko">
3     <head>
4       <meta charset="UTF-8" />
5     </head>
6     <body>
7       <input type="text" name="num1" size="4" />
8       +
9       <input type="text" name="num2" size="4" />
10      =
11      <span class="result"></span>
12      <button type="button">계산하기</button>
13      <script>
14        const num1 = document.querySelector("[name=num1]");
15        const num2 = document.querySelector("[name=num2]");
16        const result = document.querySelector(".result");
17        const calcButton = document.querySelector("button");
18        calcButton.addEventListener("click", () => {
19          const sumNum = sum(num1.value, num2.value);
20          result.textContent = sumNum;
21        });
22        function sum(a, b) {
23          return a + b;
24        }
25      </script>
26    </body>
27  </html>
```

그림 4.13 **19행에 브레이크포인트 설정하기**

이 상태에서 다시 애플리케이션의 입력란에 숫자를 입력하고 계산 버튼을 클릭한다(그림 4.14).

그림 4.14 **다시 1 + 2 계산**

브레이크포인트가 작동하여 작업이 중단된다. 현재 브레이크포인트를
설정한 행 `const sumNum = sum(num1.value, num2.value);`은 아직 실행되
지 않은 상태다.

개발자 도구의 '범위scope' 탭에서 변수의 상태를 확인할 수 있다. sumNum
변수는 undefined로 아직 정의되지 않은 상태를 의미하므로 sum() 함수가
아직 실행되지 않은 것을 확인할 수 있다(그림 4.15).

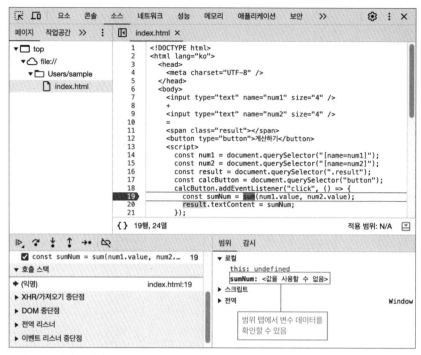

그림 4.15 **범위 탭에서 변수 데이터 확인하기**

　다음으로 sum() 함수에 전달하는 값인 num1.value와 num2.value의 데이터를 확인해보자. 여기서 이 데이터들은 로컬 변수가 아니므로 범위에는 표시되지 않지만, 소스 탭에서 코드에 커서를 대면 변수의 데이터가 팝업으로 표시된다(그림 4.16).

그림 4.16 변수에 커서를 대고 데이터 확인하기

num2.value도 같은 방식으로 확인한다. 분명 입력한 대로 1과 2를 확인할 수 있을 것이다. 입력한 데이터를 정상적으로 받아서 인수로 전달하는 것을 확인했다. 따라서 인수가 아니라 sum() 함수에 문제가 있는 것을 알 수 있다. 이어서 작업을 확인하기 위해 '**다음 함수 호출**(step into)' 기능을 사용해보자.

다음 함수 호출이란 **중단된 위치에서 처리를 조금씩 재개하는 기능**이다. 개발자 도구에서 '다음 함수 호출' 버튼을 클릭하면 모든 코드를 한 줄씩 실행할 수 있다(그림 4.17).

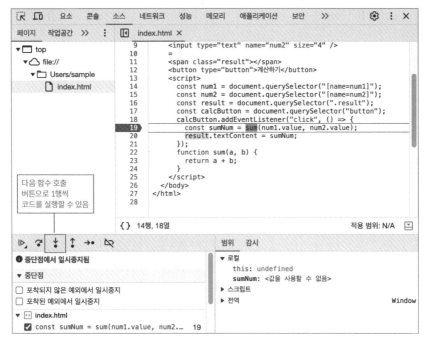

그림 4.17 **다음 함수 호출로 한 줄씩 코드를 실행하기**

다음 함수 호출을 실행하면 sum() 함수로 이동한 뒤 다시 중단된다(그림 4.18). 이와 같이 다음 함수 호출 기능을 사용하면 코드를 조금씩 실행/정지하면서 작동을 확인할 수 있다.

sum() 함수에서는 인수 a와 b의 값이 하이라이트로 표시된다. 데이터를 확인해보면 앞과 동일하게 인수로 1과 2가 전달된다. 덧셈을 계산하는 부분(a+b)도 간단하게 가산 연산자가 사용되므로 문제가 없어 보인다.

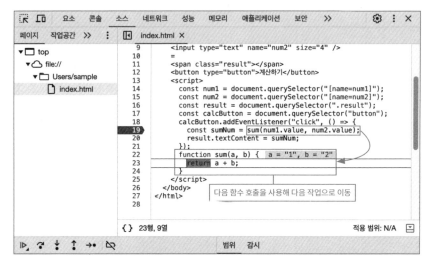

그림 4.18 **다음 함수 호출을 사용해 다음 작업으로 이동하기**

이제 **작업을 중단한 상태로 임의의 코드를 실행**하는 브레이크포인트의 기능을 사용해보자. 이 기능을 사용하면 코드를 수정/실행하면서 작동을 확인하는 반복 작업을 생략할 수 있으므로 디버깅에 드는 시간도 크게 줄일 수 있다. 이번과 같이 겉으로 보기에는 문제가 없어 보이더라도 예상하지 않은 결과가 발생할 때는 코드를 읽는 것만이 아니라 실제로 작동을 해보는 것이 중요하다.

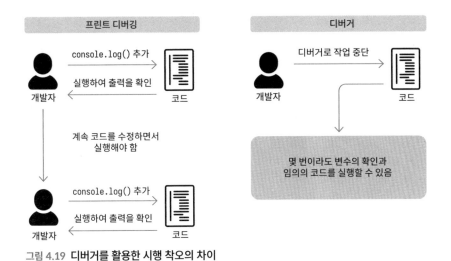

그림 4.19 디버거를 활용한 시행 착오의 차이

덧셈 계산이 제대로 실행되는지 확인하기 위해 콘솔에서 해당 코드를 실행한다. 브레이크포인트로 작업이 중단되었을 때는 프로그램을 멈추고 있는 상태이므로 콘솔에서 a와 b 등의 변수에도 접근할 수 있다.

변수 a, b의 데이터를 확인하고 각각의 값을 더한 결과를 확인해보자.

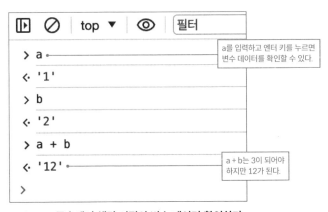

그림 4.20 콘솔에서 해당 시점의 변수 데이터 확인하기

결과는 3이 되어야 하지만 12가 된다. 따라서 덧셈 계산 부분에 문제가 있는 것을 확인할 수 있다. 가산 연산자가 잘못된 것일까? 그렇다면 '1 + 2'를 직접 코드로 입력해 실행해보자.

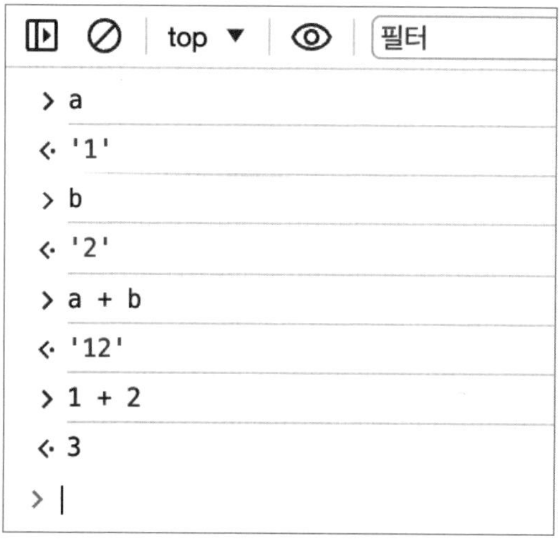

```
> a
< '1'
> b
< '2'
> a + b
< '12'
> 1 + 2
< 3
> |
```

그림 4.21 콘솔에서 연산자의 작동 확인하기

실행하면 의도대로 3이 출력되므로 가산 연산자에는 문제가 없는 것을 확인할 수 있다. 다시 a와 b의 변수를 확인해보자.

기본적인 실수이지만 a와 b를 입력할 때 숫자가 아닌 문자열 '1'과 '2'인 것을 알 수 있다(개발자 도구에서 문자열은 작은따옴표(' ')로 감싸져 있으며, 숫자는 그렇지 않다).

자바스크립트는 문자열에 가산 연산자를 사용하면 문자열을 결합하여 12를 출력한다. 문자열을 숫자로 계산하기 위해서는 숫자로의 변환이 필요하다.

다음과 같이 parseInt() 함수를 사용해 문자열을 숫자로 변환하는 처리를 추가해보자(코드 4.3). 이제 의도한 대로 숫자의 덧셈 결과를 얻을 수 있다.

코드 4.3

```
<script>
  const num1 = document.querySelector("[name=num1]");
  const num2 = document.querySelector("[name=num2]");
  const result = document.querySelector(".result");
  const calcButton = document.querySelector("button");
  calcButton.addEventListener("click", () => {
    // 숫자 변환 처리 추가
    const num1Value = parseInt(num1.value);      ← ┐
    const num2Value = parseInt(num2.value);      ←   수정
    const sumNum = sum(num1Value, num2Value);
    result.textContent = sumNum;
  });
  function sum(a, b) {
    return a + b;
  }
</script>
```

이와 같이 브레이크포인트를 활용하면 변수의 상태를 확인하고 한 줄씩 코드를 실행할 수 있다. 또한 콘솔에서 임의의 코드를 유연하게 실행할 수 도 있으므로 디버깅이 매우 쉬워진다.

> 조금씩 디버거에 익숙해지면 돼!

브레이크포인트를 코드에서 설정하기

앞의 예에서는 개발자 도구에서 브레이크포인트를 설정했다. 이 방법도 문제가 없지만, 더욱 편하게 설정하는 방법이 있다. 바로 소스 코드에서 `debugger;`를 삽입하는 방법이다. 처리를 멈추고 싶은 위치에서 `debugger;`를 입력하고 실행하면 해당 위치에서 브레이크포인트가 자동으로 실행된다.

```
<!DOCTYPE html>
<html lang="ko">
  <head>
    <meta charset="UTF-8" />
  </head>
  <body>
    <h1>샘플</h1>
    <script>
      console.log(1);
      console.log(2);
      debugger;           ←── 브레이크포인트 설정
      console.log(3);
    </script>
  </body>
</html>
```

코드를 작성하고 있는 과정에서는 코드에서 브레이크포인트를 설정하는 것이 편리할 것이다. 자바스크립트 이외의 언어에서도 같은 방식으로 브레이크포인트를 설정할 수 있다.

- 자바스크립트: `debugger;`
- 루비: `binding.irb`

- 파이썬: `import pdb; pdb.set_trace()`

다만 소스 코드에 직접 브레이크포인트를 설정할 때는 주의점이 있다. 디버깅이 완료된 뒤에는 반드시 `debugger;`와 `import pdb; pdb.set_trace()` 같은 코드를 제거해주어야 한다. 제거를 하지 않고 그대로 운영 환경에 배포하게 되면 코드의 실행이 멈추게 되므로 문제가 될 수 있다.

다양한 스텝 실행

스텝의 실행은 주로 세 가지 종류가 있다. 크롬의 개발자 도구에서 다음과 같은 버튼을 확인할 수 있다.

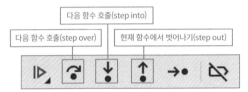

그림 4.22 **스텝 실행을 조작하는 버튼**

▎다음 함수 호출(step into)

step into는 가장 간단한 스텝을 실행하며 현재 행을 실행하고, 한 행씩 이동한다. 함수가 존재할 때는 함수 내부로 이동하게 되며 모든 코드를 한 행씩 실행한다. 신중하게 진행하고 싶을 때 사용하지만 시간이 많이 소요되니 주의하자.

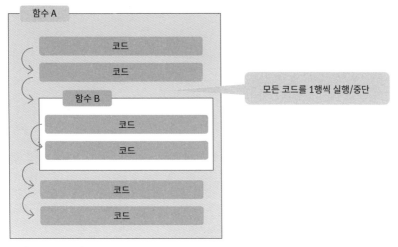

함수 A

코드

코드

모든 코드를 1행씩 실행/중단

함수 B

코드

코드

코드

코드

그림 4.23 **step into**

다음 코드를 살펴보자. 브레이크포인트를 설정한 행에서 작업이 멈춘 뒤 다음 함수 호출(step into)를 실행하면 add() 함수 내부로 이동한다. add() 함수의 처리가 끝나면 다음에는 `multiply()` 함수의 내부로 이동해 1행씩 처리를 실행한다.

step into의 흐름

```
function add(a, b) {
  const sum = a + b;          1번째 실행
  return sum;                 2번째 실행
}
function multiply(a, b) {
  const product = a * b;      3번째 실행
  return product;             4번째 실행
}
function calculate() {
  const x = add(5, 3);        브레이크포인트 설정
  const y = multiply(2, 4);
```

```
    console.log(x, y);  ●————[ 5번째 실행 ]
}
calculate();
```

다음 함수 호출(step over)

step over는 현재 행의 코드를 실행하고 다음 행으로 이동한다. 함수의
호출이 있을 때는 함수 내부로 이동하지 않고 함수를 실행한 뒤 다음 행으
로 이동한다. step over는 코드를 전체적으로 파악하면서 단계적으로 실행
하고 싶을 때 유용하다.

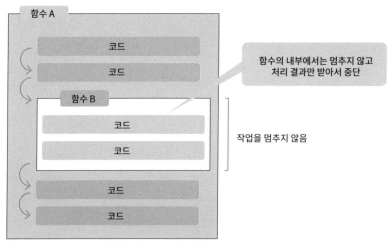

그림 4.24 **step over**

다음 코드에서 add() 함수를 실행할 때 함수 내부는 들어가지 않고 결과
만을 받아서 multiply() 함수를 실행한다. multiply() 함수에서도 동일하

게 함수 내부에는 들어가지 않고 결과만을 받는다. 이와 같이 함수의 내부를 확인할 필요가 없을 때 step over가 유용하다.

```
function add(a, b) {
const sum = a + b;
return sum;
}
function multiply(a, b) {
const product = a * b;
return product;
}
function calculate() {
const x = add(5, 3);          ── 브레이크포인트 설정
const y = multiply(2, 4);          ── 1번째 실행
console.log(x, y);          ── 2번째 실행
}
calculate();
```

▌ 현재 함수에서 벗어나기(step out)

step out은 현재 함수에서 벗어나는 것을 의미한다. 현재 함수의 실행을 완료하고 반환값을 반환한 뒤 호출된 곳으로 되돌아간다. 즉 step out은 함수 내부에서 디버깅 중일 때 함수를 벗어나 호출된 곳으로 돌아갈 때 사용한다.

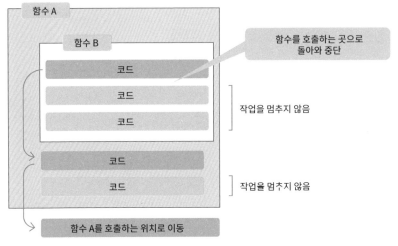

그림 4.25 **step out**

다음과 같이 함수의 내부 스텝을 실행할 필요가 없을 때 step out을 사용하면 함수의 외부로 나갈 수 있다. step into와 step out를 함께 사용하면 효율적으로 디버깅할 수 있다.

step out의 흐름

```javascript
function add(a, b) {
  const sum = a + b;      ← step out 실행
  return sum;             ← 스킵
}
function multiply(a, b) {
  const product = a * b;
  return product;
}
function calculate() {
  const x = add(5, 3);    ← 브레이크포인트 설정
  const y = multiply(2, 4);
  console.log(x, y);
```

```
}
calculate();
```

스텝의 사용 시기

실제 디버깅에서는 각 스텝을 다음의 관점으로 사용하면 효율적으로 작업할 수 있다(표 4.1).

표 4.1 **각 스텝의 사용 시기**

실행 방법	사용 시기
step into	모든 코드를 1행씩 꼼꼼하게 확인하고 싶을 때 사용
step over	step into와 동일하게 1행씩 확인하지만 함수의 내부는 진입하지 않으므로, 상세하게 확인하기보다 전체의 흐름을 확인하고 싶을 때 사용
step out	step into 사용 중 디버깅이 필요 없는 함수에 진입했을 때 함수를 벗어나기 위해 사용

조건을 포함하는 브레이크포인트

여러 디버거에서는 조건을 포함하는 브레이크포인트 기능을 제공한다. 이 기능은 특정 조건이 되면 디버거가 작동한다.

예를 들어 다음과 같이 1부터 10까지 출력을 반복하는 for 문이 있다(코드 4.4). 변수 i가 5일 때 브레이크포인트로 디버깅을 하려면 기본 설정은 총 10회 브레이크포인트가 작동하므로, 작업도 10회 멈춘다. 이때는 불필요하게 9회나 더 멈추게 되므로 브레이크포인트를 스킵하는 조작이 필요하다.

코드 4.4

```
for (let i = 0; i < 10; i++) {
  console.log(i);  ●────  여기에 브레이크포인트를 설정
}
```

여기서 필요할 때만 디버거를 작동하도록 조건을 포함하는 브레이크포인트를 활용할 수 있다.

조건을 포함하는 브레이크포인트는 다음과 같이 다양한 타입의 조건을 설정할 수 있다. 디버거에 따라 지원되지 않는 부분도 있으므로 사용하는 에디터와 IDE의 기능을 살펴보자.

- 특정 식의 결과가 참일 때

- 코드가 지정한 횟수만큼 실행되었을 때

- 특정 함수와 메서드가 실행되었을 때

- 변수가 지정한 값이 되었을 때

- 예외와 에러가 발생했을 때

조건을 포함하는 브레이크포인트를 사용해보자

실제로 조건을 포함하는 브레이크포인트를 사용해보자. 대부분의 디버거에 포함된 기능인 '특정 식의 결과가 참일 때'의 타입 조건을 사용하도록 한다.

4.2절에서 살펴본 두 숫자의 합을 계산하는 애플리케이션의 HTML 파일(코드 4.2)을 크롬으로 열어보자. 그리고 작업을 중단하고 싶은 위치에 브레이크포인트를 설정하자. 여기서는 19행에서 계산 버튼을 클릭했을 때 실행되는 함수의 처리를 중단하도록 설정한다(그림 4.26).

그림 4.26 **19행에 브레이크포인트를 설정**

이 상태라면 '계산하기' 버튼을 클릭할 때마다 브레이크포인트가 작동한
다. 이번에는 num1의 입력란이 비었을 때만 디버거가 작동하도록 조건을
추가해보자.

파란 브레이크포인트에서 우클릭하면 브레이크포인트의 서브 메뉴가 표
시된다. 여기서 '중단점 수정…'을 선택한다.

그림 4.27 **브레이크포인트 우클릭하기**

클릭하면 조건을 포함하는 브레이크포인트 설정란이 표시된다. 여기서 임의로 조건을 설정할 수 있다.

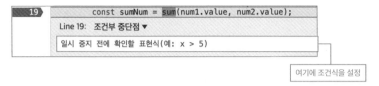

그림 4.28 **조건을 포함하는 브레이크포인트 설정란**

이번에는 num1의 입력란이 비어 있을 때만 디버거를 작동시키고 싶으므로 num1.value == ''를 입력하여 num1이 입력되지 않고 비어 있는 것을 체크하는 조건식을 입력한다.

그림 4.29 **num1이 비어 있을 때를 지정하는 조건식을 입력**

실제로 테스트해보면 num1에 값이 있을 때는 계산 버튼을 눌러도 브레이크포인트가 작동하지 않지만, num1의 입력란이 비어 있을 때는 브레이크포인트가 작동하여 작업이 중단된다.

조건을 설정하면 효율적으로 디버깅을
할 수 있어!

코드에서 브레이크포인트를 설정할 수 있는 언어에 한정되기는 하지만 디버거에서 설정하는 것이 아니라 코드에서 조건식을 통해 같은 방식을 구현할 수 있다(코드 4.5).

코드 4.5

```
calcButton.addEventListener("click", () => {
  if (num1.value == '') {          직접 조건식을 작성하는 것과 같은 효과
    debugger;
  }
  const sumNum = sum(num1.value, num2.value);
    result.textContent = sumNum;
});
```

조건을 포함하는 브레이크포인트는 디버거에서 제공하는 기능이지만 다음과 같이 코드 내부에 조건 분기를 통해서도 구현할 수 있다(코드 4.6). 상황과 선호에 따라 사용하기 편한 쪽을 선택하면 된다.

코드 4.6

```
for (let i = 0; i < 10; i++) {
  if (i === 5) {          브레이크포인트를 작동시키고 싶은 조건을 코드로 표현
    debugger;
  }
  console.log(i);
}
```

브라우저에서 편리한 조건을 포함하는 브레이크포인트

크롬 등 브라우저의 개발자 도구에서 제공하는 조건을 포함하는 브레이크포인트는 매우 편리하므로 웹 애플리케이션을 개발하는 프런트엔드(HTML, CSS, 자바스크립트) 개발 시 매우 효율적으로 디버깅에 활용할 수 있다.

표 4.2 **브라우저가 제공하는 조건을 포함하는 브레이크포인트**

종류	개요
XHR/fetch 브레이크포인트	네트워크 통신을 할 때 디버거가 작동하도록 해서 도메인을 지정하여 조건을 한정할 수 있음. 네트워크 통신 관련 코드를 디버깅할 때 사용
DOM 브레이크포인트	HTML 요소의 상태 변화를 조건으로 지정할 수 있음. 예를 들어 속성이 변경되었을 때와 요소가 삭제되었을 때, 자식 요소가 변경되었을 때 등. DOM을 조작하는 코드의 디버깅에 사용
이벤트 리스너 브레이크포인트	다양한 이벤트가 발생할 때 디버거가 작동하도록 함. 에러의 원인이 되는 이벤트(마우스/키보드 조작, 윈도우 사이즈 변경, 애니메이션 등)는 특정할 수 있지만 해당 코드의 위치를 모를 때 사용

변수를 감시해보자

디버거에 따라 **변수를 감시하는 기능**을 제공하기도 한다. 이 기능은 예를 들면 처리 중인 변수의 내용을 확인하고 싶을 때 브레이크포인트를 설정하지 않고도 실행 중인 변수의 변화를 확인할 수 있다.

앞에서와 마찬가지로 크롬의 개발자 도구를 사용해 변수를 감시해보자.

소스 탭을 열고 '감시'에서 변수를 감시할 수 있다. 사용법은 간단하게 추가 버튼을 누르고 감시하고 싶은 변수를 입력하면 된다.

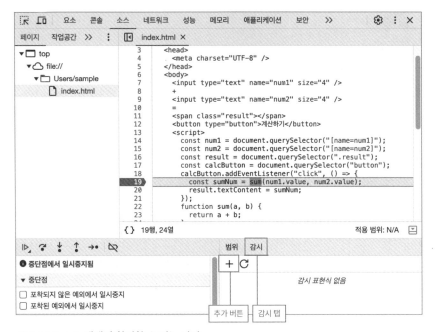

```
3    <head>
4      <meta charset="UTF-8" />
5    </head>
6    <body>
7      <input type="text" name="num1" size="4" />
8      +
9      <input type="text" name="num2" size="4" />
10     =
11     <span class="result"></span>
12     <button type="button">계산하기</button>
13     <script>
14       const num1 = document.querySelector("[name=num1]");
15       const num2 = document.querySelector("[name=num2]");
16       const result = document.querySelector(".result");
17       const calcButton = document.querySelector("button");
18       calcButton.addEventListener("click", () => {
19         const sumNum = sum(num1.value, num2.value);
20         result.textContent = sumNum;
21       });
22       function sum(a, b) {
23         return a + b;
```

{} 19행, 24열   적용 범위: N/A

▶ 중단점에서 일시중지됨   범위   감시

▼ 중단점   감시 표현식 없음

☐ 포착되지 않은 예외에서 일시중지
☐ 포착된 예외에서 일시중지

추가 버튼 ─ 감시 탭

그림 4.30 소스 탭에서 확인할 수 있는 감시

이번에는 num1 입력란의 값을 감시해
보자. 감시 탭에서 + 버튼을 눌러 num1.
value를 입력한다.

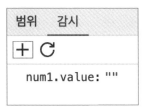

그림 4.31 감시하고 싶은 대상 입력

브라우저 화면에서 num1 입력란에 적당
한 값을 입력하고 감시 탭의 새로 고침 버
튼을 누르면 입력된 값이 표시된다.

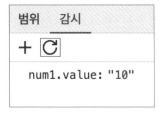

그림 4.32 입력란에 입력한 값이 반영

진짜 감시되고 있는 것 같아!

이와 같이 감시 탭에서 지정한 변수의 데이터는 언제든지 확인할 수 있다.

여기서 감시 대상으로 설정할 수 있는 변수는 글로벌 변수여야 하므로 주의해야 한다. 즉 함수와 클래스 내부의 private 변수에는 접근할 수 없다. 이때는 일시적으로 감시하고 싶은 변수를 글로벌 변수에 대입하여 감시하도록 해야 한다.

예를 들어 sumNum 변수를 감시하고 싶을 때 이 변수는 클릭 이벤트 함수의 내부에 있으므로 private 변수가 된다. 이 상태로는 디버거가 감시할 수 없다. window라는 글로벌 객체에 변수를 대입하면 외부에서 접근할 수 있는 상태가 된다(코드 4.7).

코드 4.7

```
calcButton.addEventListener("click", () => {
  const sumNum = sum(num1.value, num2.value);
  window.sumNum = sumNum;  ← [글로벌 변수에 대입]
  result.textContent = sumNum;
});
```

에디터에서도 사용할 수 있는 디버거

이번 장에서는 크롬을 사용해 디버거를 설명했으며, VS Code 등의 에디터에서
도 디버거를 사용할 수 있다. 사용 방법은 에디터와 프로그래밍 언어에 따라 다
르지만, 조작 방식은 크롬의 방식과 크게 다르지 않으므로 한번 시도해보자.

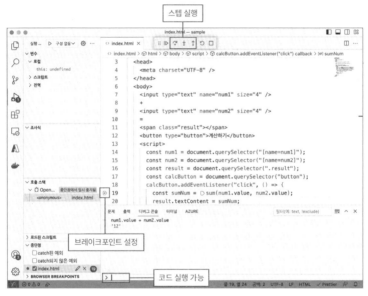

그림 4.A **VS Code의 디버거**

제 5 장

해결할 수 없는 문제

1장에서 4장까지는 에러를 읽는 방법과 디버깅 방법에 대해 알아보았다. 이 지식과 스킬을 활용하면 에러를 만나더라도 많은 문제를 해결할 수 있을 것이다.

그러나 실제 개발에서는 순조롭게 해결되지 않을 때도 있다. 5장에서는 지금까지 설명한 **디버깅 방법을 사용해도 문제가 해결되지 않을 때의 대처법**을 소개한다. 문제의 검색 방법과 에러가 숨겨져 있어 인터넷에서도 찾을 수 없을 때 대처법 등을 중심으로 설명한다.

디버깅은 다양한 방법을 사용해 힌트와 정보를 모으면 문제를 해결할 수 있는 확률이 높아진다. 때로는 다른 개발자에게 도움을 요청하거나 스스로 정보를 모으려는 노력도 중요하다. 에러가 해결되지 않을 때는 어떻게 시행 착오를 겪으면 좋을지 구체적인 방법을 하나씩 알아보자.

개발자를 위한 정보 수집 테크닉

개발자에게 **정보 수집 능력**은 매우 중요하다. 에러의 해결 방안을 찾을 때도 필요한 정보를 빠르게 찾는 능력에 따라 작업에 소요되는 시간은 크게 달라진다.

이번 절에서는 개발자가 익혀야 할 검색 기술과 정보 수집 방법을 소개한다.

▌ 구글 검색

에러가 발생했는데 해결하기 어려운 상황일 때 구글 검색창에 에러 텍스트를 복사해서 그대로 입력한 경험이 있을 것이다. 이 방법을 통해 에러를 해결할 수 있게 되면 좋겠지만 생각만큼 원하는 정보를 찾을 수 없을 때도 있다. 특히 자주 접하지 않는 에러는 문제와 관련이 없는 검색 결과만 나올 때도 있다. 이때는 지금부터 소개하는 방법을 사용해보면 조금 더 쉽게 원하는 결과를 확인할 수도 있다.

■ 검색 텍스트를 큰따옴표로 감싸기

먼저 **구글 검색 기능**을 사용하는 방법이다. 구글에서는 검색 키워드를 자동으로 최적화하여 유연한 검색 결과를 보여준다. 평상 시에는 해당 기능이 편리하지만 에러 검색은 그렇지 않다. 에러는 표시된 내용 그대로 검색하는 것이 해결 방안을 찾기가 더 쉽기 때문이다.

구글 검색에서는 **검색 텍스트를 큰따옴표로 감싸면** 해당 텍스트와 완전히 일치하는 텍스트의 결과를 찾아주는 '**완전 일치 검색 기능**'을 제공한다.

다음의 에러 문장을 구글에서 검색해보자.

에러를 검색해보자

```
Cannot read property 'price' of null
```

그림 5.1과 같이 완전 일치 검색 기능을 사용하지 않으면 검색 텍스트와 부분적으로 일치하는 페이지를 검색 결과로 표시한다. 이와 같이 유연한 검색 기능은 유익한 정보를 얻을 수도 있지만, 에러의 문장과 완전히 일치하는 페이지만 검색하고 싶을 때는 그림 5.2와 같이 검색 텍스트에 큰따옴표를 사용한다.

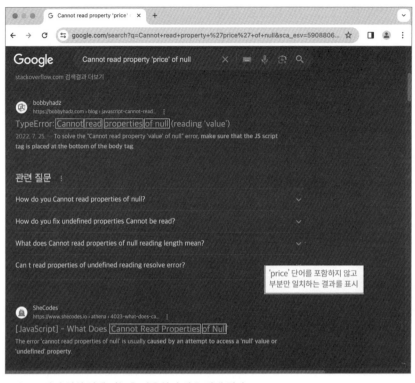

그림 5.1 완전 일치 검색 기능을 사용하지 않은 검색 결과

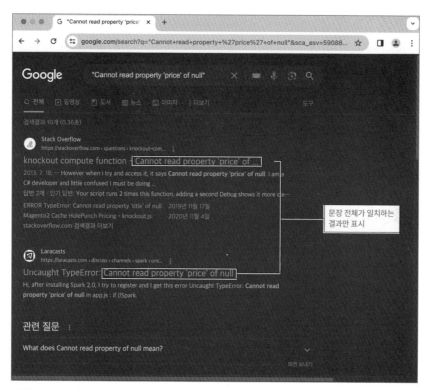

그림 5.2 완전 일치 검색 기능을 사용한 검색 결과

 이렇게 검색 결과가 달라지는구나!

■ 검색 텍스트에서 구체적인 파일명은 제외하기

보통 에러는 관계 있는 파일명과 행의 번호를 친절하게 표시한다. 그러나 해당 파일명은 개발자가 직접 명명한 것으로 해당 에러와 직접적인 관계가 없는 경우가 대부분이므로 검색 결과의 질을 낮추는 요인이 된다. 따라서 에러에 포함된 **구체적인 파일명 등은 검색 키워드에 포함하지 않도록 하자**.

물론 예외도 있다. 에러가 특정 라이브러리와 프레임워크에 기인하는 경우다. 예를 들어 라이브러리 설정 파일 등은 파일명 자체가 고유하므로 검색 키워드로 사용할 수 있다. 같은 에러 메시지라도 해당하는 라이브러리 파일명을 포함하면 더욱 정확한 결과를 찾을 수 있다.

■ 영어로 검색하기

프로그래밍뿐만 아니라 인터넷에는 한국어보다 영어로 된 콘텐츠가 훨씬 더 많다. 따라서 한국어로 검색하기보다 영어로 검색했을 때 원하는 정보를 찾을 확률이 더 높다. 만약 한국어로 검색했을 때 원하는 결과를 찾을 수 없다면 영어로 검색해보자.

영어가 익숙하지 않아도 문제없다. 디버깅 작업 과정에서 필요한 검색 텍스트는 대부분 다음의 패턴을 갖는다. 'XX'에는 사용 중인 라이브러리명과 프레임워크명 등 구체적인 이름을 입력하면 된다. 매우 드문 에러가 아니라면 대부분은 Stack Overflow 등 해외의 Q&A 사이트와 블로그에서 해결 방법을 찾을 수 있을 것이다.

검색 문구

```
XX not working (또는 xx doesn't work)
```

이 외에도 'how to use(사용 방법)', 'how to implement(구현 방법)' 등이 구현과 디버깅 시 도움이 되는 문구다. 영어가 능숙하지 않은 개발자라도 번역기를 사용하여 문구를 영어로 변경하여 검색하면 된다.

깃허브 검색

깃허브GitHub의 검색 기능을 통해서도 의외로 좋은 결과를 얻을 수 있다. 예를 들어 현재 사용 중인 라이브러리가 잘 작동하지 않을 때 해당 코드를 깃허브에서 검색하면 같은 라이브러리를 사용해 작성된 코드를 찾을 수 있다. 해당 코드를 보면서 자신의 코드와 다른 부분을 확인해보면, 생각지도 못한 부분에서 문제를 찾을 수도 있다.

샘플 코드를 읽는 것은 디버깅은 물론, 새로운 기술을 사용하여 개발을 진행할 때도 유용하다. 깃허브에서 코드의 검색 방법을 살펴보자.

깃허브라면 다른 사람의 코드를 마음껏 볼 수 있는 곳이군!

깃허브를 사용해 검색을 효율적으로 진행하기 위해서는 **GitHub code search** 기능을 활용하는 것이 좋다. GitHub 유저에게는 무료로 제공하고 있는 서비스이다.

GitHub code search를 사용하지 않아도 깃허브에서는 다양한 검색이 가능하지만, 이번 절에서는 GitHub code search를 사용하는 두 가지 편리한 기술을 소개한다.

■ 정규 표현식을 사용한 검색

깃허브 검색도 구글과 마찬가지로 여러 단어를 검색 텍스트에 포함하게 되면 각 단어를 포함하는 파일이 검색된다. 따라서 검색 텍스트의 순서대로 단어가 나열되어 있지 않은 파일도 결과로 표시된다. 이때 정규 표현식을 사용하면 정확한 검색이 가능하다. 정규 표현식을 사용해 검색하는 방법은 /를 사용하여 다음과 같이 입력한다.

```
/정규 표현식/
```

예를 들어 'export function hello'라는 문자열을 검색하는 경우를 생각해보자. 기본적으로는 각 단어를 포함하는 파일이 검색 결과로 표시된다. 그러나 이 문자열은 '함수 hello를 정의하고 export하기'라는 의미를 갖는 코드이므로, 이 문자열과 완전히 일치하는 파일을 찾고 싶을 때는 충분하지 않다. 이때는 다음과 같이 /로 감싸서 검색해보자.

```
/export function hello/
```

이와 같은 방식으로 검색 텍스트와 완전히 일치하는 파일만 검색할 수 있다(그림 5.3, 그림 5.4).

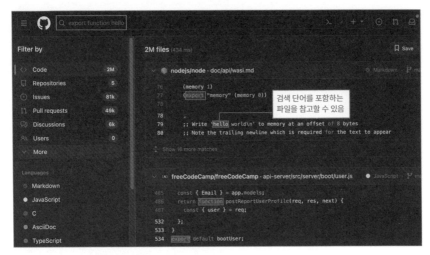

그림 5.3 정규 표현식을 사용하지 않은 검색 결과

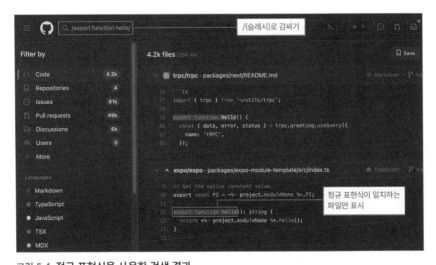

그림 5.4 정규 표현식을 사용한 검색 결과

    예에서는 간단한 영단어만 사용했으나 기본적으로는 정규 표현식의 기호도 사용할 수 있다. 다음의 예와 같이 복잡한 정규 표현식도 사용할 수 있다.

```
/function say[a-z]{4}\(/
```

이 정규 표현식을 사용하면 다음과 같이 **say**의 뒤에 알파벳 4문자가 이어지는 함수를 검색할 수 있다(그림 5.5).

- function sayName(

- function sayFile(

> 정규 표현식을 잘 사용하면 검색이 더욱 편리해져!

그림 5.5 **복잡한 정규 표현식을 사용하는 깃허브 검색**

■ 파일 경로를 사용하여 범위 좁히기

깃허브 검색에서는 파일의 경로로 검색의 범위를 좁힐 수 있다. 경로명으로 검색할 때는 path: 뒤에 경로명을 입력한다.

```
path:경로명
```

예를 들어 Tailwind CSS를 사용 중이라고 가정해보자. 이 라이브러리는 설정 파일로 tailwind.config.js라는 파일명을 사용하는데, 파일 내부의 작성 방법을 알고 싶을 때는 파일명을 주소로 검색한다(그림 5.6).

```
path:tailwind.config.js
```

그림 5.6 경로명으로 깃허브 검색

이와 같이 GitHub code search를 활용하면 문제와 관련된 코드를 효율적으로 검색하고 다른 개발자가 어떻게 구현했는지 확인할 수 있다. 자신이 작성한 코드와 다른 부분이 있다면 참고할 수 있는 정보를 얻을 수 있다.

█ 커뮤니티에 질문하기

검색을 잘 하더라도 해결 방안을 찾을 수 없을 때는 프로그래밍 관련 커뮤니티를 이용하는 것도 좋은 방법이다. 대표적으로는 Stack Overflow가 있다. Stack Overflow는 다양한 기술과 관련된 질문을 할 수 있다. 응답률이 좋고 정보량이 많으므로 번역을 해서라도 사용하는 것을 추천한다(그림 5.7).

Stack Overflow와 같이 Q&A 사이트에서 유효한 답을 얻기 위해서는 중요한 포인트가 몇 가지 있다.

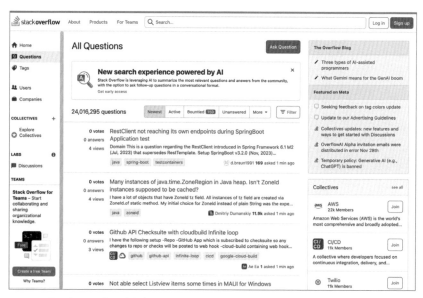

그림 5.7 Stack Overflow (영문)

질문할 때는 답을 받을 수 있을까,
항상 긴장돼요~

간단하게 포인트만 물어보면 괜찮아!

■ 구체적이고 명확한 제목 붙이기

Q&A 사이트에서 답변을 달아주는 유저는 제목을 보고 답변을 달지 말지 결정하는 경우가 많다. 따라서 제목이 구체적이고 명확하지 않다면 답변을 얻기가 어렵다. 구체적인 고유 명사를 사용해 문제를 간결하게 작성하는 것이 중요하다.

예를 들어 '잘 안 돼요. 도와주세요'라는 제목은 문제가 명확하지 않으므로 그냥 지나칠 확률이 높다. 'React에서 useState가 작동하지 않아요'와 같이 구체적인 제목을 사용하는 것이 효과적이다.

■ 문제를 상세하게 기술하기

답변이 달리지 않는 질문에는 공통점이 있다. 바로 문제에 대해 상세히 설명하지 않아 질문만으로는 원인을 특정하기 어렵다는 점이다. 예를 들어 '에러로 인해 작동하지 않아요'처럼 작성하면 에러의 내용이 명확하지 않아 구체적인 해결책을 제시하기 어렵다. 질문을 남길 때는 다음 사항을 주의해서 작성하도록 한다.

- 에러 내용은 모두 남기기
  - 스택 트레이스가 너무 긴 경우에는 적절한 부분을 찾아서 남기기
- 해당 코드가 있으면 앞, 뒤를 포함하여 적절한 분량으로 남기기
- 사용하고 있는 언어와 라이브러리, 작동 환경 등 구체적인 명칭과 버전 표시하기
- 에러 발생까지의 과정을 간결하게 남기기
- 기내하는 직동괴 목표 남기기

이와 같이 요점을 포함해서 질문을 남기면 해결 방안에 대한 답변을 받을 가능성이 크다. 현재 자신이 처한 문제에 대해 알기 쉽게 질문할 수 있으면 다양한 개발자로부터 도움을 받기 쉽고, 이 경험을 통해 프로그래밍 실력도 함께 늘 수 있다.

▍1차 정보를 확인하자

여기까지 검색과 커뮤니티를 이용한 정보 수집 방법을 소개했다. 그러나 정보 수집은 **1차 정보**도 매우 중요하다.

공식 문서와 라이브러리의 리포지터리 등의 1차 정보와 개인 기술 블로그 등에 설명된 2차 정보에는 다음과 같은 차이가 있다.

- **1차 정보**
  - 공식 정보이므로 정확도가 높다.
  - 예상하지 못한 기능과 사양을 알 수 있다.

- **2차 정보**
  - 오래된 정보와 잘못된 정보가 있을 수 있다.
  - 정확한 정보의 선별이 필요하다.

영어를 어렵게 생각한다면 라이브러리를 사용할 때 공식 문서를 잘 보게 되지 않을 수도 있다. 세세한 부분까지 모두 읽는 것은 힘들 수 있지만, 디버깅을 하다가 막히는 부분이 있을 때는 관련된 부분만이라도 읽어보면 좋다. 대표적인 1차 정보를 알아보자.

■ 공식 문서

라이브러리와 프레임워크의 문제로 코드가 의도대로 작동하지 않을 때는 침착하게 공식 문서를 다시 읽어보자. 설정 부분을 놓치거나 사용 방법이 잘못된 것을 알게 될 수도 있다. 라이브러리는 버전에 따라 스펙이 다른 경우가 있으므로 주의해서 읽어봐야 한다.

■ Issue

사용 중인 라이브러리가 깃허브에 공개된 경우에는 자신과 같은 문제로 고민하는 개발자가 Issue를 생성한 경우도 있다. 완료된 항목까지 포함해서 검색해보면 참고가 되는 부분을 찾을 수도 있다.

■ 라이브러리 소스 코드

최후의 수단으로 문제라고 생각되는 코드를 직접 수정하는 방법이 있다.

코드를 읽는 것이 아직 익숙하지 않은 경우에는 내키지 않을 수도 있지만, 설치한 라이브러리 역시 본인이 작성하는 것과 같은 코드다. 제대로 작동하지 않는 원인을 찾기 위해 라이브러리 코드를 읽고 작동 방식을 확인하다 보면 해결책을 찾을 수도 있다.

 라이브러리 코드를 분석해서
공부 좀 하고 올게요!

너무 무리하는 거 아니니?

에러를 찾을 수 없을 때

코드가 의도대로 작동하지 않을 때 에러를 확인하면 구체적인 해결책을 검색할 수 있다. 그러나 에러가 표시되지 않거나 찾을 수 없을 때도 있다. 이때는 코드와 설정을 변경해보면서 하나씩 확인하는 데도 시간이 많이 소요된다.

 에러가 나오지 않으면 어떻게 해야 하지?!

문제가 발생했지만 에러를 확인할 수 없을 때는 다음과 같은 상황에 빠졌을 가능성이 크다. 하나씩 대책을 확인해보자.

- 보고 있는 위치가 다름
- 에러 출력 설정을 확인하지 않음
- 프로그램에서 에러를 처리하고 있음

보고 있는 위치가 다름

요즘 소프트웨어 개발은 매우 복잡하다. 프런트엔드, 서버, 데이터베이스,

웹 서버 등 다양한 언어와 도구를 사용해 하나의 시스템을 만든다. 이런 상황에서 개발자는 현재 어느 곳에서 문제가 발생했는지 파악이 어려울 수 있다.

■ 등장 인물을 확인하자

문제가 발생한 부분을 알 수 없을 때는 먼저 **시스템에서 등장 인물을 확인**하는 것이 중요하다. 시스템이 복잡해지면 각각 보고 있는 위치가 다르므로 에러를 발견하기 어려울 때가 있다.

예를 들어 웹 애플리케이션을 생각해보자. 일반적인 구성으로 애플리케이션을 브라우저에서 작동시키는 프런트엔드와 서버에서 작동시키는 백엔드로 나눈다.

이때 이 두 부분을 다른 등장 인물로 인식하는 것이 중요하다. 등장 인물마다 에러를 표시하는 위치가 다르기 때문이다. 프런트엔드의 에러는 브라우저의 개발자 도구에 표시되며, 백엔드의 에러는 터미널에 표시된다(그림 5.8).

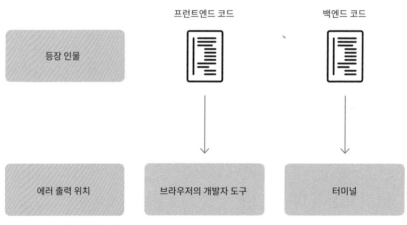

그림 5.8 **시스템의 등장 인물마다 에러의 출력 위치가 다름**

프런트엔드에서 에러가 발생했을 때는 터미널(검은 화면)을 확인해도 에러를 발견할 수 없다. 문제의 원인이 되는 위치를 알 수 없는 상황에서도 침착하게 각각의 에러가 표시되는 위치를 확인해보자.

하나의 예를 더 살펴보자. 서버의 구성이 웹 서버, 애플리케이션 서버, 데이터베이스로 구성되는 경우다. 유저의 요청이 발생하면 웹 서버, 애플리케이션 서버, 데이터베이스의 순으로 처리가 진행된다. 입구로 볼 수 있는 웹 서버에서 에러가 발생했을 때는 애플리케이션 서버에서 에러를 찾아도 발견할 수 없다(그림 5.9).

그림 5.9 에러 출력 위치를 잘못 판단하면 에러를 찾을 수 없음

현재 위치에서 에러를 찾을 수 없을 때는 조금 더 시야를 넓혀 시스템의 등장 인물을 정리해보자. 등장 인물과 서로의 관계를 파악하면 잘못된 위치에서 불필요한 시간 낭비를 없앨 수 있다.

▌ 에러의 출력 설정을 확인하지 않음

등장 인물을 확인했다면 다음으로는 각각의 위치에서 사용하고 있는 도구와 프로그램에서 에러가 출력되는 위치를 확인해보자. 대부분의 도구는 에러의 출력 위치를 임의로 설정할 수 있다. 예를 들어 터미널(검은 화면)에 표시도 가능하며, 텍스트 파일에 출력할 수도 있다.

 에러를 표시하는 위치가 다양하구나.

 이 설정을 파악하고 있지 않으면 텍스트 파일에 출력되는 에러를 눈치채지 못하고, 터미널에서 에러가 표시되기민을 기다릴 수도 있다. 따라서 각각의 도구와 프로그램에서 에러를 출력하는 설정에 대해 알아두도록 하자.

COLUMN

PHP에서 에러 출력 설정

PHP에서는 에러 출력 설정을 ON/OFF 할 수 있다.
다음 코드를 확인해보자. 예 1의 코드는 echo nickname 부분이 잘못되었으므로 실행 시 에러가 발생한다.

PHP 코드 예 1

```php
<?php
$nickname = 'Alice';
echo nickname; //echo $nickname이 제대로 된 형식
?>
```

예 1 실행 시 표시되는 에러

```
Uncaught Error: Undefined constant "nickname"
```

예 2에서도 코드의 같은 부분에 문제가 있지만, 에러 출력을 OFF로 설정하는 display_errors가 삽입되어 있으므로 에러가 표시되지 않는다.

PHP의 코드 예 2

```php
<?php
ini_set('display_errors', 1);    ← 이 행을 추가하면 에러가 표시되지 않음
$nickname = 'Alice';
echo nickname; //echo $nickname이 제대로 된 형식
?>
```

이와 같이 프로그래밍 언어와 도구(웹 서버와 프레임워크 등)의 설정에 따라 에러가 발생해도 출력되지 않을 수 있다. 에러를 찾을 수 없을 때는 해당 설정을 확인해보자.

에러를 프로그램에서 처리하고 있음

문제가 발생했을 때 에러를 표시하지 않고 **프로그램에서 처리를 계속 진행하도록 하는 경우**도 있다.

예를 들어 자바스크립트에서 **try~catch** 문을 사용해 에러를 프로그램에서 처리할 수 있다. 구체적인 예를 살펴보자(코드 5.1).

코드 5.1

```
try {
    data = getData();    ← 에러가 발생하는 코드
} catch {
    ............    ← 아무것도 하지 않음
}
```

코드 5.1에서는 함수 getData()에서 에러가 발생해도 에러를 표시하지 않고, 처리도 중단하지 않는다. 이 타이밍에 처리가 중단되지 않으면 변수 data에 정확한 데이터가 할당되지 않은 채로 다음 처리에서 예상하지 못한 작동이 발생하게 된다.

이처럼 catch로 에러를 무시하는 것이 아니라 에러를 출력하여 문제를 인식할 수 있도록 해야 한다.

COLUMN

에러 메시지에서 uncaught의 의미는?

지금까지 여러 에러를 알아보았지만 모두 uncaught라는 문자열로 시작하는 것을 눈치챈 독자도 있을 것이다. uncaught란 catch하지 못한 것을 나타낸다. 캐치란 try~catch의 catch를 의미하며, uncaught Error란 try~catch에 의해 처리되지 않은 에러를 의미한다.

에러가 재현되지 않을 때

운영 환경에서 애플리케이션을 서비스하다 보면 유저로부터 에러 관련 문의를 받을 때가 있다. 이때는 **먼저 에러가 재현되는지 확인한다**. 간단하게 재현이 되는 경우에는 일반적인 디버깅 작업을 진행할 수 있다. 그러나 재현이 되지 않는 상황을 만나게 될 수도 있다.

유저에게 문의가 오면 갑자기 긴장하게 돼요.

먼저 침착하게 정보를 모으는 데 집중하자!

에러를 재현할 수 없을 때는 관련 정보를 수집하여 문제를 나누는 것이 중요하다. 이를 통해 재현에 필요한 조건을 찾을 수 있다. 수집해야 하는 정보는 다음과 같다.

- 유저의 사용 환경(OS와 브라우저, 버전, 접속 환경 등)
- 에러가 발생한 시간
- 해당 시간의 에러 기록 확인

- 유저 고유의 로그인 데이터와 처리 작업 존재 여부 확인

유저와 같은 방식으로도 에러가 재현되지 않을 때는 단순 조작과 관련된 문제가 아닐 가능성이 크다. 에러를 문의한 유저의 사용 환경 정보를 수집하고 유저와 유사한 환경에서 재현을 시도하자.

웹 애플리케이션에서 특정 브라우저에서만 에러가 발생하거나 모바일 환경에 대한 미대응으로 정상적인 조작이 되지 않는 경우가 있다.

또한 시간 정보를 다루는 애플리케이션(캘린더와 리마인드 알람 등)에서는 조작과 처리를 실행하는 시간에 따라 에러 상황이 바뀔 때도 있다. 이는 타임존과 날짜 계산에 따른 에러(윤년과 월말의 날짜 등)가 원인이 되기도 한다.

특정 유저만 경험하는 문제는 유저 고유의 데이터나 설정과 관련이 있을 수 있다. 예를 들어 특정 유저의 설정과 권한, 유저의 데이터(대량의 데이터, 특수한 문자를 포함하는 데이터 등)가 문제를 발생시키는 경우도 있다.

실제로 표시되는 에러와 로그를 유저로부터 전달받아 해당 정보를 기반으로 문제가 발생하는 조건을 찾는다. 같은 조건에서 검증할 수 있다면 에러를 재현할 수 있는 가능성이 높아진다. 재현이 가능하다면 일반적인 디버깅 작업을 진행하고, 재현이 불가능하더라도 정보를 수집하면서 계속 문제를 나누면 원인을 특정하기 쉬워진다.

체크리스트 사용을 추천해!

운영 환경에서 에러를 수집하는 방법

이번 절에서는 운영 환경에서 에러를 다루는 방법에 대해 설명한다. 효율적으로 디버깅을 하기 위해서는 에러 정보가 매우 중요하다. 개발할 때는 에러 관련 정보가 그대로 출력되지만, 운영 환경에서는 적절히 설정하지 않으면 출력되지 않거나, 출력되더라도 정보 부족으로 디버깅을 진행할 적절한 방법이 떠오르지 않을 수 있다.

게다가 웹 애플리케이션은 브라우저에서 발생한 에러를 서버에 저장하지 않으므로 수집할 수 있는 방법이 없다.

운영 환경에서 트러블 슈팅을 준비하거나 미래에 사용할 가능성이 있는 에러의 처리 방법에 대해 학습하고 싶은 개발자는 이번 절을 잘 따라가보자. 도움이 될 것이다.

▌ 에러 수집 방법

앞에서 설명한 대로 운영 환경에서는 개발 환경과 다르게 에러 관련 정보를 출력하는 위치 등을 적절하게 설정해야 한다. 에러 관련 정보가 모인 파일을 **에러 로그**error log라고 한다. 에러 로그가 적절히 관리되고 있지 않으면 디버깅이 어려워진다. 그러나 로그 파일의 관리는 인프라 관련 지식이 필요하므로 간단하지는 않다.

에러 로그를 쉽게 수집할 수 있는 서비스를 알아보자. 이를 <u>**에러 트래킹**</u>
<u>**도구**</u>라고 한다. 에러 트래킹 도구를 사용하면 인프라 관련 지식이 부족해
도 에러 로그를 제대로 수집할 수 있다.

■ 대표적인 에러 트래킹 도구

- **Sentry**
- **Rollbar**

이 도구들은 프런트엔드와 서버의 프로그램에 라이브러리를 설치하고
약간의 설정만으로 사용할 수 있다. 에러가 발생했을 때 상세한 정보를 수
집하고 해당 내용을 대시보드에서 확인할 수 있다.

다음은 Sentry로 수집한 에러 상세 화면의 예다(그림 5.10).

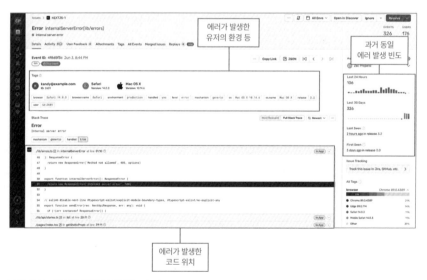

그림 5.10 에러 트래킹 도구(Sentry)

에러가 발생한 OS와 브라우저의 버전, 유저의 환경 등을 상세하게 확인할 수 있다. 또한 구체적인 에러 메시지와 에러가 발생한 코드의 위치도 표시한다. 이와 같이 상세한 에러 정보를 쌓아두면 애플리케이션의 품질을 높이는 데도 크게 도움이 된다.

Sentry와 Rollbar는 기본적으로 유료 서비스이지만 일정 범위 내에서는 무료로 사용할 수 있다. 실무에서 애플리케이션을 개발할 때 사용 검토를 추천한다.

진화하고 있는 로그 관리 방법

시스템의 조작 기록과 이벤트 발생 등을 기록한 데이터를 **로그**$_{log}$라고 한다. 로그는 시스템이 어떻게 사용되는지 분석하기 위해 활용되지만, 그뿐만 아니라 디버깅할 때도 매우 도움이 되는 데이터다.

로그 자체는 에러뿐만 아니라 정상적인 조작도 포함하는 이력 데이터다. 따라서 에러 관련 로그는 '에러 로그'라고 한다.

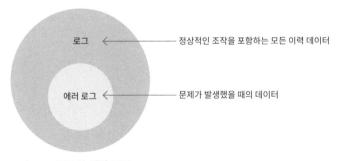

그림 5.11 **로그와 에러 로그**

디버깅할 때, 에러 로그가 있으면 원인을 찾을 수 있다. 그러나 때로는 에러 발생 전에 조작한 것이 원인이 될 때도 있다. 이때는 정상 조작을 포함하는 로그를 확인하여 에러 발생까지의 경로와 조건을 검증할 수 있다.

개발 중인 시스템의 로그가 어떻게 관리되고 있는지 이 기회를 통해 확인해보도록 하자.

소프트웨어도 시대와 함께 급격한 변화가 진행되고 있다. 예전의 단순한 웹 애플리케이션은 단일 서버에서 애플리케이션과 데이터베이스를 사용했다.

그러나 요즘의 애플리케이션은 매우 복잡하다. 서버는 클라우드에 두고, 각 애플리케이션은 컨테이너화가 되어 여러 미들웨어와 통신하면서 기능한다. AWS 등의 클라우드 환경에서는 보통 안정성을 높이기 위해 여러 대의 서버를 동시에 가동한다.

그 결과, 로그도 하나의 장소에 보관되는 것이 아니라 다양한 위치에 분산되어 있으므로 분석하기가 어렵다. 따라서 로그를 일원화하여 관리하는 서비스를 활용하면 모든 로그를 쉽게 관리할 수 있다는 장점이 있다.

■ **대표적인 로그 수집 도구**

- **Logflare**
- **Papertrail**
- **Logtail**
- **Datadog**

이 서비스를 도입하면 각 웹 서버와 애플리케이션의 로그를 한곳에서 확인할 수 있다. 또한 이 서비스를 이용하면 상세한 검색도 가능하므로 특정 일자와 키워드를 포함하는 로그를 간단하게 찾을 수 있다.

서비스에 따라 무료로 사용할 수 있는 플랜도 있어!

디버깅은 에러가 발생한 시점의 에러 로그뿐만 아니라 전후의 로그를 함께 확인하면 더욱 효율적으로 원인을 추적할 수 있다. 로그는 지워지면 다시 복구하기가 어려우므로 서비스를 운영할 때는 반드시 로그 파일이 잘 관리되고 있는지 확인하는 것이 중요하다.

여러 방법으로도 에러가 해결되지 않을 때의 회피술

때로는 에러의 원인을 특정할 수 없을 때와 특정하더라도 수정이 어려울 때가 있다. 이와 같은 상황에서는 workaround(회피술)라는 방법을 사용할 수 있다.

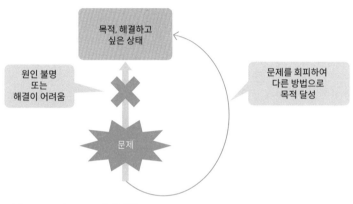

그림 5.A workaround 이미지

workaround는 그림에서 회피라고 쓰인 것과 같이 근본적으로 해결되지 않는 것을 다른 방법을 사용해 목적을 달성하는 접근 방식이다. 문제를 회피하기 위해 우회로를 찾는 것과 같다. 문제가 숨어 있을 수도 있으므로 추천하는 방법은 아니지만 아무런 대응을 하지 않는 것보다는 나은 선택이므로 종종 실무에서도 사용되는 방법이다.

에러는 시간과의 싸움이기도 하다. 이와 같은 선택지가 있는 것을 알아두면 도저히 해결되지 않는 상황에서 조금 더 다양한 선택권이 주어진다.

제 6 장

디버깅이 쉬운 코드를 작성하자

지금까지 프로그래밍에 에러가 발생했을 때 원인을 조사하는 방법과 대처 방법에 대해 소개했다.

그러나 아무리 좋은 해결 방법이라도 에러가 발생하지 않는 것보다 더 좋은 방법은 없다. 만약 에러가 발생하더라도 코드를 간단하게 디버깅할 수 있는 상태가 가장 이상적일 것이다. 따라서 마지막 6장에서는 **에러를 예방하는 코드와 디버깅하기 쉬운 코드를 작성하는 기술**에 대해 소개한다.

디버깅은 원인을 조사하고 수정하는 작업이다. 이와 같은 작업은 영향 범위를 고려해서 프로그램 실행 시의 상태(변수의 데이터 등)를 추적하기 쉽도록 하는 것이 중요하다. 이 점을 염두에 두면서 이번 장에서는 코드를 작성할 때의 원칙과 룰에 대해 설명한다.

프로그램의 소스 코드는 약간의 노력으로 읽기 쉽고 디버깅하기 쉬운 코드가 될 수 있다. 이번 장에서 다루는 내용은 경험이 적은 개발자라도 간단하게 적용할 수 있으므로 도전해보도록 하자.

재할당을 자제하자

어기서는 디버깅하기 쉬운 코드를 작성하는 방법을 설명한다. 첫 번째는 재할당을 자제하는 방법이다. **재할당**이란 다음 코드와 같이 한 번 정의한 변수에 다시 값을 대입하여 변수 데이터를 변경하는 것이다.

코드 6.1

```
let nickname = "Alice";
nickname = "Bob";        ← 재할당
```

프로그램을 작성하다 보면 데이터를 업데이트하기 위해 재할당을 사용할 때가 있다. 그러나 **재할당은 상황에 따라 코드를 읽기 어렵게 만들기 때문에** 주의가 필요하다. 불가피한 상황을 제외하고서는 재할당을 자제하는 것이 좋다. 다음 코드를 확인해보자.

코드 6.2 (개선하기 전 재할당을 사용하는 코드)

```
function sample() {
  let data = getData();    ← ❶ data 선언
  // 처리
  data = sort(data);       ← ❷ data 재할당
  // 처리
  data = filter(data);     ← ❸ data 재할당
```

```
    // 처리
}
```

코드 6.2는 2행에서 정의한 data를 재사용하여 data를 업데이트한다. 이와 같이 재할당을 반복하는 코드는 data의 데이터 변화를 의식하면서 작업을 해야 하므로 처리의 흐름을 추적하는 것이 매우 어렵다. 만약 함수 내부의 어딘가에서 data를 사용하는 코드가 존재할 때, 해당 시점에 data가 ❶~❸ 중 어떤 상태인지는 코드를 해석해야 알 수 있다.

그렇다면 재할당을 사용하지 않고 어떻게 코드를 작성해야 할까. **사용하는 데이터가 변경될 때마다 새로운 변수를 사용하는 것이 좋다.**

코드 6.2의 개선 코드

```
function sample() {
    const data = getData();        ●────── ❶ data 선언
    // 처리
    const sortedData = sort(data);    ●────── ❷ sortedData 선언
    // 처리
    const filteredData = filter(sortedData);   ●────── ❸ filteredData 선언
    // 처리
}
```

데이터를 정렬하는 sort() 함수를 사용해 생성한 데이터를 sortedData, filter() 함수를 사용해 생성한 데이터를 filteredData에 할당한다.

개선하기 전과 같이 data 변수를 재사용하는 것이 코드의 양도 적고 간단해 보일 수도 있다. 그러나 프로그램 코드는 실제 데이터와 변수명이 명료하게 연결되어 있을 때 읽기 쉽다. 개선된 코드에서는 sortedData 변수명을

통해 ❷에서 생성된 상태를 알 수 있다.

▍재할당을 억제하는 기능을 사용하자

자바스크립트는 변수를 정의할 때 const와 let 키워드를 사용할 수 있다. **const는 재할당을 금지하는 기능**을 갖는다. 개선 코드에서도 const가 사용되었다. 다른 프로그래밍 언어에서도 동일한 기능이 제공된다면 적극적으로 사용하도록 하자.

▍재할당을 하지 않으면 디버깅도 쉬워진다

재할당을 하지 않으면 디버깅 도구를 사용할 때도 장점이 있다. 4장에서 소개한 브레이크포인트를 사용할 때 재할당의 유무에 따른 차이점을 다음 두 코드를 통해 비교해보자(코드에서 random()과 double() 함수는 이미 정의된 상태라고 가정한다).

재할당을 사용하는 코드

```
let a = random();
a = double(a);
debugger;
```

재할당을 사용하지 않는 코드

```
const a = random();
const b = double(a);
debugger;
```

먼저 재할당을 사용하는 코드에서 브레이크포인트(debugger)를 사용해
보자(그림 6.1).

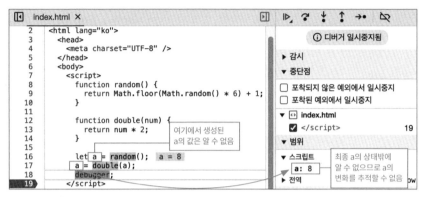

그림 6.1 재할당을 사용하는 코드에서 debugger로 멈추기

재할당을 사용할 때는 debugger에 의해 멈춘 현재 시점에서의 a밖에 확
인할 수 없으며, 10행의 let a = random()을 통해 생성된 a의 값은 알 수
없다. 처리의 흐름을 가시화할 수 없으므로 에러의 원인 조사에도 시간이
소요된다.

그러나 재할당을 사용하지 않을 때는 다음과 같다(그림 6.2).

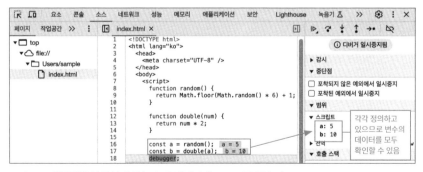

그림 6.2 재할당을 사용하지 않는 코드에서 debugger로 멈추기

이 방식이라면 a도 b도 모두 확인할 수 있겠어!

재할당을 사용하지 않는 상태에서는 그림 6.2와 같이 a, b의 상태를 모두 알 수 있다. 이와 같이 각각의 변수 상태를 파악할 수 있다면 에러의 원인을 찾기 쉽다.

코드의 잠재적인 문제 찾기

디버깅은 보통 에러가 발생했을 때 진행하는 작업이다. 반면, 사전에 코드의 잠재적인 문제를 발견하고 에러의 발생을 막는 **정적 코드 분석 도구**가 있다. 이는 코드를 실행하지 않고 분석하여 문제가 있다면 문제를 경고해주는 도구다. **린터** Linter라고도 부른다.

정적 분석으로 미사용 변수, 미정의 함수, 코딩 규약 위반, 가능성이 있는 버그 패턴 등을 특정한다.

예를 들어 자바스크립트에서 자주 사용되는 린터인 **ESLint**는 **prefer-const** 라는 룰이 있다. let으로 정의한 변수가 한 번이라도 재할당되지 않으면 const 를 사용해 재할당이 되지 않도록 선언할 필요가 있다는 경고를 표시한다.

```
let foo = 100;          재할당하지 않으면 let이 아니라

const foo = 100;        const를 사용해 재할당을 금지하도록 권장
```

이와 같이 개발자가 스스로 좋은 코드를 작성하도록 의식하면서 잠재적인 문제를 알려주는 도구를 사용하여 더욱 좋은 코드를 작성할 수 있도록 한다.

스코프를 최소화하자

스코프란 변수와 함수의 유효 범위를 의미한다. 스코프를 불필요하게 넓게 잡으면 코드를 읽어야 하는 범위가 커져 디버깅도 힘들어진다. 스코프는 가능한 한 작은 범위로 만들도록 해야 한다. 다음 코드는 스코프가 불필요하게 넓은 상태이므로 개선 방안을 생각해볼 수 있다(코드 6.3).

코드 6.3

```javascript
function fn() {
  const data = getData();
  if (조건식) {
    // data를 사용한 처리
  } else {
    // data를 사용하지 않는 처리
  }
}
```

변수 data의 스코프는 fn 함수의 내부 전체다. 그러나 실제 data가 사용되는 범위는 if(조건식) 블록 내부다. 따라서 이 data는 불필요하게 넓은 스코프를 갖는다. 스코프를 필요 범위로 좁히기 위해 다음과 같이 수정할 수 있다.

```
function fn() {
  if (조건식) {
    const data = getData();          ┌─ data를 if 문 내부에서 정의
    // data를 사용한 처리
  } else {
    // data를 사용하지 않는 처리
  }
}
```

수정 후에는 변수를 정의하는 코드의 위치만 변경되었다. 아주 간단하지만 이를 통해 디버깅의 효율이 좋아진다.

스코프가 넓을 때의 단점

스코프가 넓을 때의 단점을 알아보자.

■ 디버깅할 때 읽어야 하는 코드가 늘어난다

스코프가 필요 이상으로 넓으면 읽을 필요가 없는 코드도 모두 읽어야 하므로 불필요한 작업이 더 늘어난다.

코드 6.3을 생각해보자. getData()를 통해 생성된 변수 data가 어떻게 사용되는지 확인하고 싶은 상황일 때 스코프가 넓으면 함수 sample 내부의 모든 코드를 읽어야 한다. 그러나 스코프가 if 문 블록 내부로 한정되어 있으면 해당 범위만으로도 파악이 가능하다.

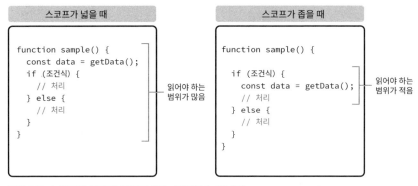

그림 6.3 스코프가 넓으면 읽어야 하는 범위도 늘어난다

■ 성능이 나빠진다

개선하기 전의 코드는 getData()가 항상 실행되지만 이 처리는 조건식을 만족할 때만 실행되면 된다. 실행될 필요가 없는 처리가 실행되는 상황이므로 리소스 낭비와 성능 저하가 발생한다.

■ 변경이 어려워진다

data = getData()의 행에 변경을 추가하는 상황을 생각해보자. 스코프가 좁을 때는 조건식을 만족할 때만 고려하면 되지만, 스코프가 넓을 때는 함수 sample 전체에 미치는 영향을 고려해야 한다. 변경을 추가할 때는 영향 범위를 조사하여 작동을 보장해야 하므로 스코프가 넓으면 조사할 범위가 넓어지고, 작동의 확인에도 시간이 더 소요된다.

이와 같이 불필요하게 넓은 스코프는 백해무익하다. 스코프를 줄이는 것은 매우 간단한 작업이므로 항상 의식하도록 하자.

코드를 변경할 때를 생각해서 스코프를 작게!

단일 책임의 원칙

'**단일 책임의 원칙**single responsibility principle, SRP'이라는 말을 들어본 독자도 있을 것이다. 단일 책임의 원칙이란 **클래스와 함수 등의 코드가 갖는 책임은 하나여야 한다**는 것이다. 하지만 이는 매우 추상적인 개념이므로 이해하기 어려울 수 있다. 간단하게 말해서 다른 역할을 동시에 갖지 않는 것이다.

단일 책임의 원칙을 따르는 코드는 역할이 명확하고 복잡성이 줄어들기 때문에 코드의 변경이 쉽고 에러 발생의 가능성도 줄어든다.

구체적인 예 ▌ 프로필 작성 서비스

이미지로 떠올릴 수 있도록 가공의 프로필 작성 서비스를 예로 들어보자. 서비스를 이용하는 사람을 유저, 서비스를 운영하는 사람을 운영자로 부르도록 한다.

- 유저(서비스 이용자)
  - 프로필 생성
  - 이름과 나이 등 프로필 데이터를 변경할 수 있음
- 운영자(서비스 운영자)
  - 프로필 포맷(템플릿)을 변경할 수 있음

■ 프로필을 업데이트하는 처리를 생각해보자

먼저 서비스에서 프로필을 변경하는 처리를 생각해보자. 이 처리를 담당하는 함수는 updateProfile()이다(그림 6.4).

그림 6.4 **프로필을 변경하는 updateProfile() 함수**

매우 간단한 함수이지만, 처리 내부를 자세히 보면 이 함수는 두 가지 기능을 갖는다(그림 6.5).

- 프로필의 포맷을 업데이트하는 기능(운영자 조작)
- 프로필 데이터를 업데이트하는 기능(유저 조작)

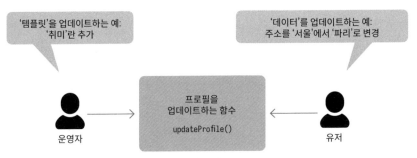

그림 6.5 **updateProfile() 함수가 갖는 두 가지 기능**

이 함수는 다른 대상에 대해 두 가지의 책임을 갖고 있으므로 단일 책임의 원칙에 반하는 상태다. 그렇다면 이 함수에는 어떤 문제가 있을까?

 하나의 코드로 두 가지 일을 하면
일석이조 아닌가?

■ 단일 책임 원칙에 반하면 어떤 문제가 발생할까?

구체적인 상황을 생각해보자. 어느 날 개발자가 운영자로부터 다음과 같은 요구를 전달받는다.

'표시하는 포맷을 업데이트할 때 업데이트 이력을 남길 수 있을까요?'

updateProfile() 함수를 변경하여 추가된 기능을 배포하고 운영자로부터 만족스러운 대답을 들었다. 그런데 다음 날 문제가 발생한다. 유저로부터 다음과 같은 문의를 받는다.

'데이터 업데이트가 제대로 작동하지 않아요!'

이는 updateProfile() 함수가 운영자와 유저라는 **여러 사용자에 대해 책임을 지고 있기 때문**이다. 운영자 측의 요구에 따라 변경이 발생했지만 이와는 관계가 없는 유저 측에 의도하지 않은 문제를 발생시킨다. 여러 이용자에 대한 기능을 제공하는 코드는 약간의 변경에도 영향 범위를 넓게 고려해야 하므로 수정과 기능의 추가가 어렵다.

■ **어떻게 하면 좋을까?**

이와 같은 문제가 발생하지 않기 위해서는 어떻게 코드를 작성하면 좋을까? 답은 간단하다. **단일 이용자에 대한 책임만 지도록 하는 것**이다. 그림 6.6과 같이 updateTemplate() 함수와 updateProfileData() 함수를 사용해 각각 운영자, 유저에 대해서만 책임을 갖도록 한다.

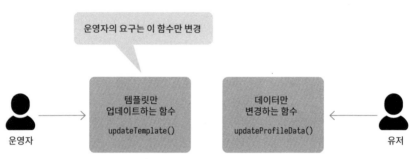

그림 6.6 각각의 기능은 각각의 함수로 나누기

책임이라는 단어는 추상적이며 애매한 부분도 있으므로 구체적이지 않은 원칙이라고 생각할 수도 있다. 따라서 코드를 작성할 때는 '**이것이 무엇에 대한 책임일까**'를 항상 생각해보도록 하자.

 기능이 많은 함수가 좋은 함수인 것은 아니네요.

함수의 기능은 하나로 충분해! 욕심내면 안 돼!

순수 함수를 사용하자

프로그램은 함수의 작성 방식에 따라 가독성이 크게 변한다. 이번 절에서는 함수의 작성 방식을 소개한다.

함수 중에서 특정 조건을 만족하는 함수를 **순수 함수**라고 한다. 순수 함수는 몇 가지 장점이 있지만, 특히 읽기가 쉽고 디버깅이 쉽다는 특징이 있다. 순수 함수의 구조를 알아보고 이를 사용할 수 있도록 해보자.

순수 함수란?

순수 함수란 다음의 두 조건을 만족하는 함수다.

- 인수가 같으면 반환값도 같다.
- 사이드 이펙트_{side effect}(부작용)가 없다.

두 조건을 자세히 살펴보자. 특히 사이드 이펙트는 익숙하지 않을 수도 있지만 개념은 간단하다.

 사이드 이펙트가 뭐지?

■ 인수가 같으면 반환값도 같다

예를 들어 다음 코드의 함수는 같은 인수를 사용해 몇 번이고 호출하더라도 반환값은 변하지 않는다(코드 6.4). 이는 앞에서 제시한 첫 번째 조건을 만족한다.

코드 6.4

```
function double(a) {
  return a * 2;
}

double(3);      첫 번째 호출: 반환값 6
double(3);      두 번째 호출: 반환값 6
                (몇 번을 호출하더라도 인수가 같으면 반환값은 변하지 않음)
```

이제 다음 코드의 함수를 확인해보자(코드 6.5). 이 코드는 같은 인수로 함수를 호출해도 상황에 따라 반환값은 변경될 수 있다.

코드 6.5

```
let x = 100;

function add(a) {
  return x + a
}

add(3);      첫 번째 호출: 반환값은 103

x = 200;

add(3);      두 번째 호출: 반환값은 203
             (같은 인수로 호출해도 반환값이 항상 같지는 않음)
```

코드 6.5는 첫 번째 조건인 '인수가 같으면 반환값도 같다'를 만족하지 않으므로 순수 함수가 아니다.

■ 사이드 이펙트(부작용)란?

사이드 이펙트라는 단어는 일상 생활에서 사용되기도 한다. 프로그래밍에서 사용되는 사이드 이펙트란 간단히 설명하면 '**함수 외부의 상태를 변경하는 것**'이다. 구체적인 코드를 살펴보자(코드 6.6).

코드 6.6

```
let numbers = [1, 2, 3];

function fn(x) {
  x.push(4);
  return x;
}

console.log(numbers); // [1, 2, 3]
fn(numbers);
console.log(numbers); // [1, 2, 3, 4]
```

fn() 함수를 실행하면 변수 numbers가 변경됨

fn() 함수는 인수로 받은 x의 값에 요소를 추가하는 처리를 진행하지만, 동시에 함수의 외부 변수인 numbers의 상태도 변경한다. 이와 같은 함수를 사이드 이펙트를 갖는 함수라고 한다.

앞에서 예로 든 double() 함수는 함수 외부의 상태를 변경하지 않으므로 사이드 이펙트가 없는 함수다. double() 함수는 첫 번째 조건도 만족하므로 순수 함수가 된다.

순수 함수와 순수 함수가 아닌 함수의 비교

순수 함수와 순수 함수가 아닌 함수를 비교해보자.

간단한 설명을 위해 실용성을 고려하지 않은 코드를 예로 든다. 아무 쓸모가 없는 코드라고 생각할 수도 있지만 순수 함수의 특징을 설명하기 위한 예로 생각하자(프로그램이 복잡해지면 이와 같은 구조로 코드를 생성하기도 한다).

순수 함수의 예

```
function addPure(a, b) {
  return a + b;
}
```

순수 함수가 아닌 예

```
let total = 0;

function addNotPure(a, b) {
  total = a + b;
  return total;
}
```

순수 함수는 순수 함수가 아닌 함수와 비교했을 때 읽기 쉽고 디버깅이 쉽다는 특징이 있다. 먼저 순수 함수는 함수 외부와 관련이 없으므로 함수 내부만 읽고 로직을 파악할 수 있어 매우 읽기 쉽다. 순수 함수가 아닌 함수는 로직을 확인할 때 함수 외부도 함께 의식해야 한다(그림 6.7).

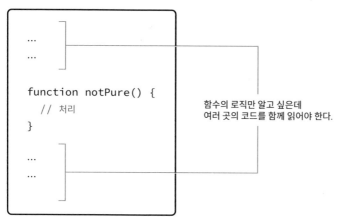

그림 6.7 **순수 함수가 아닌 함수가 읽기 어려운 이유**

사이드 이펙트가 존재할 때 디버깅 난이도 역시 올라간다. 함수에 수정과 변경을 추가할 때 작동을 보장하기 위해 단순히 input/output만 확인하면 되는 것이 아니라, 함수 외부의 영향도 함께 고려해야 한다(그림 6.8).

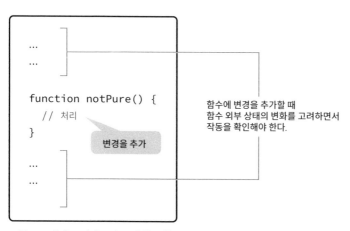

그림 6.8 **사이드 이펙트가 존재하는 함수에 변경을 추가**

▌ 순수 함수의 이용

지금까지 설명한 순수 함수는 읽기 쉽고, 디버깅도 쉽다는 것을 이해했을 것이다. 바로 자신의 코드에 순수 함수를 적용하고 싶을 수도 있겠지만, 그 전에 다음과 같은 사항을 먼저 확인해야 한다.

순수 함수는 확실히 장점을 가지고 있지만 **모든 함수를 순수 함수로 만드는 것은 현실적이지 않으며, 억지로 순수 함수만을 고집할 필요도 없다.**[1] 프로그램은 함수 외부의 상태를 변경할 필요가 있다. 또한 객체 지향 언어에서는 순수 함수를 생성하기 어렵다는 특성도 있다.

> 중요한 것은 영향 범위가 작은 함수를 만드는 거야.

따라서 순수 함수의 구조를 이해하고 가독성이 좋아지는 방향으로 순수 함수를 이용해야 한다. 반대로 말하면 불필요한 사이드 이펙트와 함수 외부 참조는 함수의 가독성을 나쁘게 하는 것이다. 이와 같이 네거티브 요인을 의식하고 배제하는 것이 쉽게 디버깅할 수 있는 코드를 작성하는 요령이다.

---

1 하스켈(Haskell) 등 순수 함수 타입 언어라고 불리는 프로그래밍 언어에서는 가능하다.

타입을 의식하여 코드를 작성하자

프로그램 에러의 원인 중 하나로 '**값의 타입이 예상하는 것과 다르다**'는 것이 있다. 다음의 예를 살펴보자(코드 6.7).

코드 6.7

```
function hello(name) {
  const upperName = name.toUpperCase();        ●──  toUpperCase()는
  console.log(`${upperName} 님 안녕하세요.`);         문자열에 대해서만 유효함
}

hello('Alice');   ●──┤ 'ALICE 님 안녕하세요.' 문자열 표시
hello(10); // Error
```

함수 hello()는 name 인수로 받으며, 이 인수는 암묵적으로 문자열(string 타입)을 예상한다. 2행에서 문자열을 대문자로 변경하는 toUpperCase() 메서드는 string 타입 이외의 값에 적용하면 에러가 발생하기 때문이다. 문제가 되는 부분이 이 코드는 문법적으로는 문제가 없다는 것이다. 따라서 사람의 눈으로 잘못된 부분을 찾는 것이 어려워 운영 환경에서 에러가 발생하는 원인이 된다(그림 6.9).

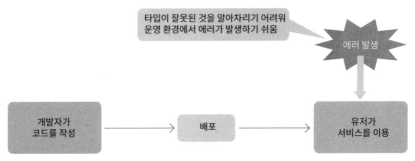

그림 6.9 타입이 다른 상황을 알아차리기 어려움

타입이 잘못되었을 때는 어떻게 해결해야 할까?

코멘트로 타입 명시하기

함수의 처리를 이해하기 위해서는 '인수 타입'과 '반환값 타입'이 매우 중요한 정보다. 이 타입의 정보를 아는 것만으로도 코드가 읽기 쉬워지고, 함수를 사용할 때도 전달하는 인수의 타입을 정하기 쉬워진다. 타입 정보를 전달하는 방식의 하나로 **타입 정보를 코멘트로 추가하는 방법**이 있다(코드 6.8).

코드 6.8

```
/**
 * 인수 문자열의 길이 반환
 * @param {string} name - 입력한 이름
 * @returns {number} - 이름의 길이
 */
function nameLength(name) {
  const length = name.length;
  return length;
}
```

이 코드는 길지 않으므로 코멘트를 보면 배보다 배꼽이 더 크다고 생각할 수도 있다. 그러나 함수가 복잡해질수록 코멘트를 읽는 것만으로도 의도를 쉽게 이해할 수 있으므로 매우 유용하다.

> 후임자에게 코드를 넘겨줄 때도 코멘트가 도움이 돼.

프로그래밍 언어의 기능을 사용해 타입 정보 부여하기

프로그래밍 언어의 기능을 사용해 타입 정보를 다루는 것도 가능하다. 자바스크립트는 아쉽게도 타입을 코드로 작성하는 기능이 없지만, 자바스크립트의 슈퍼셋인 **타입스크립트**TypeScript는 타입 정보를 다음과 같이 표시할 수 있다(코드 6.9).

코드 6.9

```
function nameLength(name: string): number {
  const length: number = name.length;
  return length;
}
```

첫 행 nameLength(name: string): number에 의해 인수의 타입이 string(문자열 타입), 반환값의 타입이 number(숫자 타입)인 것을 명시한다.

타입스크립트로 작성한 코드는 프로그램 배포 전 반드시 정적 검사가 이루어진다. 정적 검사란 프로그램을 실행하지 않고 코드를 체크하는 것이다. 이를 통해 타입이 잘못된 코드를 생성해도 해당 타이밍에 에러를 발견할 수 있으므로 운영 환경에서 에러가 발생하지 않는다(그림 6.10).

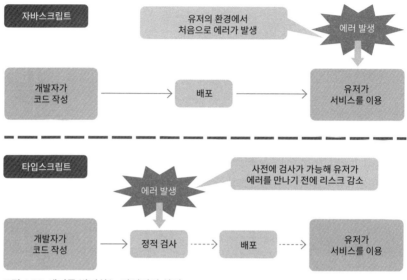

그림 6.10 에러를 발견하는 타이밍의 차이

현재 버전의 PHP, 파이썬, 루비는 타입 정보를 작성할 수 있는 방법을 제공한다. 타입을 명확히 의식하는 것만으로도 에러가 잘 발생하지 않는 코드를 작성할 수 있게 된다.

동적 타입 언어와 정적 타입 언어

프로그래밍 언어는 **동적 타입 언어**(자바스크립트, PHP, 파이썬 등)와 **정적 타입 언어**(Go, 자바Java, 타입스크립트 등)로 구별한다. 이번 절에서 다룬 예상 외의 타입에 의한 에러는 동적 타입 언어에서 볼 수 있는 전형적인 에러다.

이 두 유형의 언어의 차이점을 간단하게 설명하면 정적 타입 언어는 타입이 코드를 작성하는 단계에서 정해지는 것이며, 동적 타입 언어는 프로그램 실행 시 정해지는 것이다.

정적 타입 언어는 프로그램을 실행하기 전에 타입을 체크하므로 코드를 작성하는 단계에서 타입 에러를 알 수 있다(타입 체크는 코드를 기계가 이해할 수 있는 언어로 번역하는 컴파일러에서 이루어진다).

다음은 이번 절에서 사용한 함수를 자바스크립트와 타입스크립트로 작성한 코드다.

동적 타입 언어인 자바스크립트의 코드

```
function hello(name)          ●─── 인수 타입이 정해지지 않음
  const upperName = name.toUpperCase();
  console.log(`${upperName} 님 안녕하세요.`); }
}

hello(10);   ●─── 실행 시 에러 발생
```

정적 타입 언어인 타입스크립트의 코드

```
function hello(name: string) {   ●─── 인수의 타입이
  const upperName = name.toUpperCase();       문자열(string)로 정해짐
  console.log(`${upperName} 님 안녕하세요.`); }
}
hello(10);   ●─── 실행 전 타입 검사로 에러를 발견할 수 있음
```

자바스크립트 코드에서 함수 hello의 인수는 문자열(string 타입)을 예상한다. 그러나 코드를 작성하는 단계에서는 해당 타입을 정하는 것이 불가능하다. 따라서 hello(10)와 같이 문자열이 아닌 값을 인수로 작성하는 것도 가능하다. 이처럼 작성이 가능할 때는 프로그램을 실행하는 단계에서 예상 외의 타입에 의한 에러가 발생할 가능성이 있다.

반면에 타입스크립트는 hello(name: string)으로 함수를 선언할 때 인수의 타입을 지정한다. 덕분에 hello(10)과 같이 잘못된 코드는 실행 전 타입 검사에서 발견할 수 있다.

디버깅을 도와주는 테스트 코드

테스트 코드란 소프트웨어의 품질을 확보하기 위해 코드의 작동을 테스트하는 코드다. 테스트 코드를 사용하면 작성한 코드가 의도한 대로 작동하는지를 자동으로 검증할 수 있다.

작동 확인을 위한 테스트 코드가 디버깅에 도움이 될지 의문을 가질 수도 있다. 그러나 사실 테스트 코드를 활용하면 디버깅의 효율도 매우 올라간다.

▌ 테스트 코드는 무엇일까?

먼저 테스트 코드를 이해하기 위해 구체적인 예를 확인해보자. 다음은 덧셈을 계산하는 프로그램 코드다(코드 6.10).

```
코드 6.10
function add(a, b) {
  return a + b;
}
```

이 프로그램의 작동을 확인하기 위해서는 다음과 같은 테스트 코드를 사용할 수 있다.

```
function testAdd() {
  const result = add(2, 3);
  if (result !== 5) {           ←──── 결과가 의도와 다르면 에러를 발생시킴
    throw new Error(`add(a, b)는 a와 b의 합계를 반환하지만 반환된 값
은 ${result}`);
  }
}
```

이 테스트 코드는 add() 함수에 인수로 2와 3을 전달하여 기댓값인 5 이
외의 결과를 반환할 때 에러를 발생시킨다.

기대한 대로 작동하지 않을 때는 add() 함수를 디버깅하고 다시 테스트
코드를 실행하여 작동을 확인하는 사이클을 반복한다. 테스트 코드는 기계
가 실행하므로 인간이 직접 수행하는 것과 비교하면 프로그램의 작동 검증
이 빠르게 완료된다. 게다가 인간과 다르게 반복 검증도 실수할 가능성이
없다.

테스트 코드는 조금 더 특별한 코드인 줄
알았어요.

항상 작성하는 코드와 기본적으로는 같아.

실제로 테스트 코드를 작성할 때는 테스트 라이브러리와 테스트 프레임
워크를 사용하는 것이 일반적이다. 예를 들어 자바스크립트에서는 **Jest**라

는 프레임워크가 자주 사용된다. 앞의 테스트 코드를 Jest로 작성하면 다음과 같다.

코드 6.10의 테스트 코드(Jest)

```
test('add(2, 3)은 5)', () => {
  expect(add(2, 3)).toBe(5);
}
```

프레임워크에 의해 add(2, 3)의 결과가 5인지 간단하게 테스트할 수 있다. 테스트 코드는 자신 이외의 다른 사람이 확인할 때도 있으므로 작성뿐만 아니라 읽기도 쉽게 만들어야 한다. 간단하면서도 읽기 쉬운 테스트 코드를 작성할 수 있는 프레임워크를 꼭 활용해보도록 하자.

테스트 코드는 작성 방법만으로도 책 한 권의 분량이 나올 정도로 내용이 많다. 이 책에서는 개념을 이해하기 위한 정도로만 설명하지만 더욱 자세하게 테스트 코드를 공부하고 싶은 독자는 추가로 학습을 진행해보자.

테스트 코드와 디버깅의 관계

디버깅을 돕는 테스트 코드는 다음의 두 가지 요소가 있다.

* 디버깅 중인 작동 확인을 자동화
* 에러의 수정이 다른 코드에 영향을 미치지 않는지 확인

디버깅 중에는 몇 번이고 코드의 작동을 확인하지만 해당 부분을 수동으로 확인하려면 시간이 꽤 많이 소요된다. 작동 확인을 테스트 코드로 자동화하면 에러의 원인을 찾는 작업에 더 집중할 수 있다.

한 곳에서 에러의 수정이 끝났을 때 이 수정에 의해 다른 부분에서 새로운 에러가 발생하는 경우도 있다. 이와 같은 영향의 유무를 조사할 때도 테스트 코드를 활용할 수 있다. 시스템 전반에 걸쳐 테스트 코드를 구현해두고 이 테스트 코드가 통과하면 제대로 된 작동을 증명할 수 있다. 외부에 대한 영향을 하나씩 확인하는 것보다 빠르고 확실하게 확인할 수 있다.

▌ 에러가 발생했을 때 먼저 테스트 코드를 작성하자

테스트 코드로 작동 확인을 자동화하면 디버깅의 효율이 올라간다는 것을 설명했다. 에러가 발생했을 때 처음으로 진행해야 하는 것은 에러를 재현하기 위한 테스트 코드를 작성하는 것이다.

이 접근 방식을 통해 먼저 에러의 재현을 테스트 코드로 자동화하여 효율적으로 작업을 진행할 수 있다는 점이 장점이다. 또한 에러 수정 후에도 자동화된 테스트를 통해 문제가 재발하지 않는 것을 확인할 수 있으므로 안심할 수 있다.

에러 리포트를 받았을 때 바로 코드를 수정하고 싶을 수도 있지만 먼저 침착하게 에러를 재현하기 위한 테스트 코드를 작성하도록 하자. 이를 통해 신속하고 확실하게 문제를 특정하고 해결을 위한 작업을 진행할 수 있다.

에러가 발생했을 때는 다음과 같은 순서로 대응하면 이상적이다.

1. 어떤 에러인지 확인하기

2. 에러를 재현하는 테스트 코드 생성하기

3. 테스트 코드를 통과하도록 코드 수정하기

4. 다른 테스트를 실행하며 수정에 의한 영향이 없는지 확인하기

　디버깅과 수정 작업은 몇 번이고 같은 작업을 반복하는 특성이 있다. 수 작업으로 몇 번이고 확인하는 것은 시간도 많이 잡아먹을 뿐만 아니라, 급한 상황에서는 실수할 가능성도 있다. 따라서 테스트 코드를 활용하여 디버깅을 효율적으로 진행해보자.

실제 유저의 조작을 재현하는 E2E 테스트 도구

앞에서 설명한 테스트 코드는 유닛 테스트_{unit test}라고 부르며, 함수와 클래스 등 프로그램의 일부를 테스트하는 방법이다.

이에 반해 실제 유저가 사용하는 작동을 테스트하는 방법을 E2E_{end to end} 테스트라고 한다.

E2E 테스트는 애플리케이션의 작동을 확인할 수 있으므로 전체에 걸쳐 작동에 문제가 없는지 확인한다. 프로그래밍 언어 등에 제한을 받지 않으므로 같은 도구로 다양한 애플리케이션의 작동 확인을 자동화할 수 있다.

자주 사용되는 대표적인 도구는 다음과 같다. 이 도구를 적절히 활용하면 디버깅 작업의 효율을 높이고 작업의 부담을 줄일 수 있다.

- Playwright/Selenium
    - 브라우저의 사용 자동화. VS Code와 브라우저의 확장 기능을 설치하면 실제 브라우저를 사용한 기록을 재현할 수 있다.
- XCUITest(iOS용)/Espresso 테스트 레코더(Android용)

에필로그

에러는 무서운 것이 아니네요.

언제는 기묘한 현상이라고 하더니…
많이 성장했네.

이제는 디버깅도 재미있어요.

그런 마음가짐으로 프로그래밍도
재미있게 하자!

마지막까지 읽어주어서 감사하다.

에러를 읽는 방법과 효율적으로 디버깅하는 요령은 선배로부터 후배에게 구두로만 전달되는 경우가 많은 것 같다. 디버깅은 프로그래밍에 있어서 기본적인 스킬이지만, 막상 배우고자 하면 관련된 정보가 많지 않다는 사실이 책을 내게 된 계기가 되기도 했다.

특히 기초 지식을 모르는 상태에서 에러에 대처하지 못하고 당황하는 경우도 많다. 이 책을 통해 에러는 개발자의 든든한 아군이라는 것을 알게 된다면 좋겠다.

에러를 만날 때 싫다는 느낌보다 '이번에는 어떤 발견을 할 수 있을까?', '어떻게 디버깅을 할까?', '더 개선할 수 있는 곳은 없을까?'와 같은 생각으로 기대하게 된다면 프로그래밍이 더욱 재미있어질 것이다.

여러분이 만나게 되는 에러 에피소드나 좋은 정보 또는 책에 대한 서평이 있다면 블로그나 SNS 등에 글을 남겨주면 좋겠다. 디버깅 방법에 절대적인 정답이 있는 것은 아니니 실패담을 포함한 모든 정보가 좋은 참고 자료가 된다. 여러분의 의견을 기다린다.

이 책이 여러분의 성장에 도움이 되기를 바란다.

찾아보기